Günther Dellbrügger

EIN SCHLÜSSEL
ZUR INNEREN BIOGRAFIE

Günther Dellbrügger

EIN SCHLÜSSEL
ZUR INNEREN BIOGRAFIE

ISBN 978-3-8251-7852-9

2. Auflage 2014
Erschienen im Verlag Urachhaus
www.urachhaus.de

ⓔ auch als eBook erhältlich

© 2013 Verlag Freies Geistesleben & Urachhaus GmbH, Stuttgart
Umschlaggestaltung: Rothfos & Gabler, Hamburg
Umschlagabbildung: © plainpicture / Jasmin Sander
Gesamtherstellung: CPI – Clausen & Bosse, Leck

INHALT

EINLEITUNG:
UNTERWEGS ZU SICH SELBST   11

1   WER BIN ICH?   13
    Zukunftsaspekte der Kindheit   13
    Stufen der Abnabelung   14
    Erste Ich-Erfahrungen   16
    Anruf aus der Zukunft   17
    Entwicklung durch Begegnung   21
    Stufen der Gewissensbildung   22

2   RELIGION IM ICH   24
    Die innere Kraft von Natascha Kampusch   24
    Im Ringen um die innere Freiheit   24
    Vertrag mit dem zweiten Ich   29
    Vertrauen: eine Religion im Ich   31

3   DIE FREIE KRAFT IM MENSCHEN   35
    Das Schwert: Bild des Ich   35
    Das Schwert neu schaffen   38
    Mitleid wird zu Freiheit   39
    Entschluss, zu lieben   40

4 MIT MIR IM DIALOG 45
Juan Ramón Jiménez, *Yo no soy yo* 45

5 DAS GEHEIMNIS DES ICH –
JOHANN GOTTLIEB FICHTE 52
Idealismus 53
Biografische Streiflichter 54
Lebenskrise 56
Professor in Jena 58
Religions-Erkenntnis 59
Ursprung des Gewissens 62
»Nicht ich …« 66
Ein Funke kann überspringen 68

6 MENSCHEN-ICH UND STERNEN-ICH.
EIN DICHTERISCHER SCHULUNGSWEG 70
Ein Stern singt 70
Kosmisches Präludium 71
Weihe dich einer Gefahr 76

7 TREUE ZU SICH SELBER 80
Sterben – eine Reifeprüfung 80
Fragen an uns selber 81
Von der Wichtigkeit des Gesprächs 84
Das Beispiel der Beichte 85

8   URBILDER DER INNEREN BIOGRAFIE   87
    Die Himmelsleiter   87
    Auf den Hindernissen erscheinen die Engel   90
    »Ihr müsst von Neuem geboren werden«   90
    Stirb und werde!   92

9   »ICH BIN DER STERNENWANDERER«   94
    Lazarus im Werk Dostojewskis   94
    »Lazarenische Literatur« (Jean Cayrol)   96
    Der Archipel Gulag   98
    Schwellenerfahrungen   100
    Einsamkeit und Gemeinschaft   103
    »Die Welt ist ein einziges Durchgangslager«   108
    Das Lager: Ort der Wahrheit   109

10 WEGE ZUR STÄRKUNG DES ICH   111
    Wache auf, der du schläfst!   112
    Geisteskampf   113

ABSCHLUSS:
ÜBER DEN TOD HINAUS   119

ANHANG   123

ANMERKUNGEN   155

Warten können
heißt warten wollen.
Geduld haben
heißt Geduld üben.
Selbstbeherrschung erlangen
heißt dem eigenen Selbst
die Beherrschung
zu ermöglichen.

Gelassen werden
heißt innerlich loslassen,
weil man den Halt
im Ich gefunden hat.

Till von Grotthuss[1]

EINLEITUNG
UNTERWEGS ZU SICH SELBST

»Die Würde des Menschen ist unantastbar.«
So steht es in unserem Grundgesetz. Dieses Bekenntnis zum
Menschen, zu allen Menschen, ist den Gräueln des »Dritten
Reichs« abgerungen. Die Wertschätzung des Einzelnen als »Ge-
schöpf Mensch« ist ein großes Ideal, das in geistigen Sphären
urständet. Die Würde des Menschen ist eine geistige Tatsache.
Doch Tatsache ist auch, dass die Würde des Menschen weltweit
täglich missachtet wird. Was folgt daraus? Dass wir erst am Anfang stehen, dieses Menschheits-Ideal zu verwirklichen, und in
unseren Bemühungen nicht nachlassen dürfen, wenngleich der
Weg vom Ideal zur Tat ein weiter ist und den einzelnen Menschen in seinem innersten Kern fordert.
An diesem inneren Kern lässt uns beispielsweise der ehemalige
UN-Generalsekretär Dag Hammarskjöld in seinem posthum
veröffentlichten Tagebuch *Zeichen am Weg*[2] teilnehmen. Seine
Aufzeichnungen legen Zeugnis ab von dem Ernst und dem Ringen um seine innere Biografie.

Obwohl in unserer Zeit der Individualismus angepriesen wird
wie nie zuvor, sind die Attacken auf die Persönlichkeit massiv
und treten aus ihrer Verschleierung mehr und mehr in das Licht
unseres Bewusstseins. Wird die weltweite Gemeinde/Global
Community durch unsere Stärke hergestellt, oder durch die
Technik? Sind unsere Empathie, unser Wille zur Tat, unsere Erkenntnisse entsprechend mitgewachsen? Was ist konkret unter

dem Begriff »Individualität« zu verstehen? Entwickelt sich Individualität auf ein Ziel hin? Haben wir dieses Ziel, Individualität zu sein, schon erreicht?

In diesem Buch umkreisen wir die Suche des Menschen nach seiner ureigenen Bestimmung und auch die Suche nach der eigenen unverwechselbaren Bestimmung des Menschen als Person. So finden sich in den einzelnen Kapiteln sehr verschiedene Motive zu dieser Suche. Immer zeigt sich in der inneren Biografie des Einzelnen das Ringen um einen Einklang mit sich selbst. Wer will nicht am Ende seines Lebens das Gefühl haben: Ich bin mir treu geblieben, ich habe mich von meinen Idealen leiten lassen.

1 WER BIN ICH?

Der Angriff auf den Menschen und seine Entwicklung beginnt heute schon im frühen Kindesalter und hört bis zum Lebensende nicht auf. Wir wissen viel über die ersten drei Jahre des Kindes, sein Aufgehoben-Sein in einer geistigen Kraft, aus der heraus es die Grundfähigkeiten als Mensch entwickelt, bis hin zu dem ersten zarten »Ich-Erleben«.

Die Jahre der mittleren Kindheit und deren Mitgift für die innere Biografie des Menschen leben weniger deutlich in unserem Bewusstsein. Sie sind jedoch entscheidend für den weiteren Verlauf der Entfaltung und Selbstfindung des Menschen. Die Umbrüche dieser Lebensperiode sind ein Schlüssel für die innere Biografie. Aus diesem Verständnis heraus, zu dem das erste Kapitel einen Beitrag leisten möge, lassen sich die darauf folgenden Kapitel in einem neuen Licht sehen. Der Stern des Menschen, sein höheres Wesen, sein zweites Ich als Schlüssel seines Lebensweges erreicht den Einzelnen auf den unterschiedlichsten Bahnen. Von diesem Weg legen die weiteren Kapitel in je eigener Weise Zeugnis ab.

ZUKUNFTSASPEKTE DER KINDHEIT

Die Mitte der Kindheit[3] ist eine Wendezeit. Abstand nehmen und »Reflexion« (Umwendung) üben, sich heraussondern und als eigenes Wesen erleben – das ist in dieser Phase des Lebens von Bedeutung. Der so gewonnene Abstand, das Wahrnehmen erster Veränderungen werden durchlebt und zugleich durchlitten. Die Frucht dieser Lebensperiode ist eine Wegzehrung, die wie Sternensamen in den kommenden Jahren immer wieder aufblitzt und auf dem weiteren Lebensweg voranleuchtet.

STUFEN DER ABNABELUNG

Betrachten wir unter diesem Gesichtspunkt genauer die Lebensstufen, die jeder Mensch durchläuft, so macht er schon vor der Geburt tiefe Erlebnisse von Aussonderung und Trennung durch – nur weniger bewusst. Schauen wir zunächst auf den Anfang des Erdenlebens, auf die Geburt. Wir als Eltern, als Erwachsene und Geschwister, freuen uns, wenn ein Kind das Licht der Welt erblickt. Ein altes Kinderlied spricht vom *Stern*, der jeden Geburts-Tag überleuchtet.

Im Erleben des Kindes sieht der Geburtsvorgang möglicherweise sehr anders aus. Man spricht von der Gefahr eines »Geburtstraumas«. Was ist damit gemeint? Der österreichische Anatom Joseph Hyrtl (1810–1894), der sich sein Leben lang für das Wohl von Waisen und Kindern aus bedürftigen Familien eingesetzt hat und ein vehementer Gegner einer einseitig materialistischen Weltanschauung war, versuchte, sich ganz in den vorgeburtlichen, lebensreifen Embryo zu versetzen und aus dessen Erleben den Geburtsvorgang zu schildern. Denn es gibt neben der Freude der Familie und den Schmerzen der gebärenden Mutter auch den Schmerz des zur Welt kommenden Kindes!

»Der Embryo im Mutterleib müsste, sofern er Selbstbe-
wusstsein hätte und im Voraus wüsste, was beim Vorgang
der Geburt mit ihm geschehen wird, diesen Vorgang zwei-
fellos für seine absolute Vernichtung halten.«[4]

Warum? Die schützenden Hüllen werden zerreißen, das Frucht-
wasser wegfließen, in dem das Kind bisher sein Lebenselement
hatte! Dann muss es sich durch eine »würgende Enge« zwän-
gen, wie durch einen zu klein erscheinenden Höhlenausgang.
Schließlich wird die Nahrung bringende Nabelschnur durch-
trennt. Aus dieser Sicht erscheint ein Überleben der Geburt
höchst unwahrscheinlich …

Aber zum Glück eröffnet die physische Geburt eine andere Zukunft. Ist der Geburtsschmerz überwunden und findet
das Neugeborene eine liebevolle, umhüllende Aufnahme, kann
es schnell gedeihen. In den ersten Jahren ist das Kind vollstän-
dig auf den anderen Menschen angewiesen. Wie anders ist das
bei den hochentwickelten Säugetieren, bei denen das Jungtier
schon voll ausgereift zur Welt kommt! Demgegenüber braucht
das kleine Kind eine Schutzhülle, vergleichbar dem Uterus der
Mutter, um im ersten Jahr leben und sich entwickeln zu können.
Deshalb spricht man vom »extra-uterinen Frühjahr« (Adolf
Portmann), in dem auch das Geburtstrauma durch Erfahrung
von Geborgenheit, Nähe und Sicherheit überwunden werden
kann. So bildet die physische Geburt eine erste Stufe im Selbst-
ständig-Werden des Menschen. Es ist die *Abnabelung*, die sich
jetzt im Physischen, später im Bereich der Lebensprozesse und
Lebenskräfte und – beginnend mit der Mitte der Kindheit – im
Seelischen fortsetzen wird.

Die Entwicklung des Kindes in den ersten drei Jahren ist ein
Wunder, das nicht oft genug bestaunt werden kann. Nie im Le-

ben später ist der Mensch wieder so tätig und »erfolgreich«. Als Kinder lernen wir, unsere Leiblichkeit im Raum zu orientieren, uns selber in die Gesetzmäßigkeiten des Raumes hineinzustellen und die Schwerkraft zu ordnen. Wir lernen, an der Sprache Geistiges zu erfassen, zu verstehen und selber ins Wort zu bringen. Wir nennen das *Denken-Lernen*. Wir gehen in der Nachahmung über die Nachahmung hinaus und erwerben uns denkend einen eigenen Zugang zur Welt geistiger Vorgänge, Inhalte und Wesen. Die Fähigkeiten von Stehen und Gehen, der Spracherwerb und das aufkeimende Denken werden ohne ein bewusstes Lernen erworben.

ERSTE ICH-ERFAHRUNGEN

Diese ersten Kindes-Jahre kulminieren in einer Erfahrung, die vermutlich jedes Kind macht – mehr oder weniger bewusst. Es ist die Erfahrung: »Ich bin ein Ich.« Es gibt eine Reihe von Erinnerungsberichten über diese Erfahrung, besonders von Schriftstellern. Die plastische Anschaulichkeit und individuelle Verschiedenheit in der Schilderung dieses gleichen Erlebnisses ist erstaunlich. So erzählt Jacques Lusseyran (1924–1971) von einer Erinnerung an seinen vierten Geburtstag – so klar wie ein Bild, das an der Wand hängt: Er lief auf dem Gehweg auf ein Dreieck aus Licht zu, das sich wie auf eine Meeresküste öffnete. Während er noch mit Armen und Beinen ruderte, sagte er sich: »Ich bin vier Jahre alt, und ich bin Jacques.« Er erlebte diesen Moment als »Geburt der Persönlichkeit«, als einen Moment großer freudiger Erregung: »... der Strahl allumfassender Freude hatte mich getroffen, ein Blitz aus wolkenlosem Himmel.«[5]

Der Schriftsteller Jean Paul (1763–1825) hat ebenfalls seine erste bewusste Ich-Erfahrung in Form einer kleinen, kostbaren Erzählung geschildert:

>»Eines Tages an einem Vormittag stand ich als ein sehr junges Kind unter der Haustür und sah links nach der Holzlage, als auf einmal das innere Gesicht ›Ich bin ein Ich‹ wie ein Blitzstrahl vom Himmel vor mich fuhr und seitdem leuchtend stehen blieb. Da hatte mein Ich zum ersten Mal sich selber gesehen und auf ewig.«[6]

In diesen beiden stellvertretend genannten Schilderungen ist das Ich-Erleben verbunden mit einem Licht-Erleben von außen im Raume. Das Licht kommt von vorn oder von oben – »wie ein Blitzstrahl« – und trägt das Ich-Erleben. Wie schön, dass das Wort »ich« auch in »L-*ich*-t« enthalten ist!

ANRUF AUS DER ZUKUNFT

Etwa im neunten bis zehnten Lebensjahr beginnt im Kind eine Doppelbewegung zu wirken. Was in den ersten Lebensjahren überpersönlich am Menschenkind sich vollbringt – gehen, sprechen, denken –, erlebt jetzt in einem großen Umbruch seinen Abglanz. Das Kind erwirbt in einer Doppelbewegung ein persönliches Verhältnis zu den Gesetzmäßigkeiten von Raum und Zeit und den geahnten Dimensionen einer spirituellen Welt. In dieser Zeit taucht das Erleben »Ich bin ein Ich« auf neue Weise wieder auf, wie eine Oktave zum früheren Erleben, aber wie eine *Oktave nach unten*! Denn es ist nun kein Licht-Erleben, das die Ich-Erfahrung dem Kind zuträgt, unvermittelt wie ein Blitz aus heiterem Himmel, sondern in diesem Lebensalter taucht die Ich-Erfahrung aus den Tiefen der eigenen Seele herauf. Sie »taucht auf« – ganz wörtlich zu nehmen! – aus dem Meer des eigenen Seins, in das sie wie »untergetaucht« war.

In einem neuen Erwachen erlebt das älter werdende Kind tiefe Fragen: Wer bin ich? Wo bin ich? Was ist das für eine Welt? Alles wird frag-würdig, neu und rätselhaft. Ein hellerer Bewusstseinszustand führt das Kind in eine weitere Distanzierung zu seiner Umwelt und zu einem Erleben von Einsamkeit und Sehnsucht. Auch für dieses Erleben seien einige Zeugnisse angeführt. Sie schildern das Ich-Erwachen an der Schwelle zur mittleren Kindheit, sie schildern dasselbe, aber in charakteristisch verschiedener Weise. Hier leuchtet schon ein großes Geheimnis unseres Menschseins auf: Als Menschen ist uns gemeinsam, dass jedem von uns ein Ich eignet. Aber diese Gemeinsamkeit ist gerade der Grund unserer Verschiedenheit. Denn jeder lebt sein Ich auf andere Weise!

Der schon genannte Jean Paul erzählt aus seinen Knabenjahren, wie dieses neue Erleben anders ist als beim kleinen Kind, wie es von Sehnsucht durchtränkt ist. Auf dem Heimweg von den Großeltern mittags gegen zwei Uhr schaut er auf die sonnig glänzenden Bergabhänge und die ziehenden Wolken. Da überkommt ihn ein »gegenstandsloses Sehnen«. In diesem Sehnen erlebt er mehr Pein als Lust, ein »Wünschen ohne Erinnern«. Man merkt dieser Schilderung an, wie sie um Worte ringt, um dieses aus dem »tiefen Dunkel des Herzens« aufsteigende Empfinden adäquat auszudrücken:

»Ach, es war der ganze Mensch, der sich nach den himmlischen Gütern des Lebens sehnte, die noch unbezeichnet und farblos im tiefen Dunkel des Herzens lagen, und die

sich unter den einfallenden Sonnenstrahlen flüchtig er-
leuchteten.«[7]

Aus dem tiefen Dunkel des Herzens steigt eine neue Ich-Erfahrung auf. Ähnlich spricht der Philosoph Karl Jaspers (1883–
1969) in seiner Autobiografie über eine Sehnsucht, die ihn als
Zehnjährigen beim Lesen einiger Gedichtzeilen ergriffen hat. Es
sind die Gedichtzeilen von Friedrich Rückert (1788–1866), die
er in seinem Schulbuch aufschlägt, die ihn finden und treffen:

»Aus der Jugendzeit, aus der Jugendzeit
klingt ein Lied mir immerdar,
ach, wie liegt so weit, ach wie liegt so weit,
was mein einst war …«

Bei diesen Zeilen ergreift ihn eine »hinreißende Sehnsucht«, die
die »schmerzvolle, gleichsam totale Erinnerung des unergründ-
lichen Gelebt-Habens« in ihm aufruft. In der Seele steigt ein Ahnen auf von einer unendlichen Fülle, die ihm einmal gegeben
war, aber jetzt verloren ist. Die »Seligkeit des mir Unerreichba-
ren« droht ihm das Herz zu brechen.[8]

Nüchterner und mit dem ihm eigenen Humor berichtet der
Philosoph Ernst Bloch (1885–1977) vom Auftauchen seines
Ich-Erlebens. Auf einer Bank im Wald fährt es in ihn: »… und
ich spürte ›mich‹ als den, der sich spürte …, von dem man nie
mehr loskommt, so schrecklich wie wunderbar, der ewig in der
eigenen Bude … sitzt. Den man immer vorrätig hat, … und der
zuletzt einsam stirbt.«[9]

Ich kann mir nicht entkommen, bin mir wie ausgeliefert –
das ist die Nuance, die hier bei Ernst Bloch auftritt, ähnlich dem
Jugendlichen, der auf einen Zettel schreibt, den er sich an den

Spiegel klebt: »Heute bekommst du es wieder mit mir zu tun!«
Als letztes Zeugnis zum Ich-Erwachen im neunten bis zehnten
Lebensjahr seien Erinnerungen des Dirigenten Bruno Walter
(1876–1962) erwähnt. Über die schon bei den bisherigen Schilderungen beschriebenen Elemente der *Sehnsucht* und der *Einsamkeit* hinaus, spricht er von einem inneren »Anruf«, der ihm
als ein Unbekanntes, Mächtiges ans Herz griff. Er ist allein in
der Schule und betritt den großen Hof, der ihm ohne spielen-
de und tobende Kinder doppelt leer und verlassen erscheint. Er
ist überwältigt von dieser Stille, lauscht dem leichten Wind und
fühlt, wie ihm »aus der Einsamkeit ein Unbekanntes, Mächtiges
ans Herz greift«. Er versteht diese neue Erfahrung als eine erste
ahnende Empfindung, »dass ich ein Ich war, mein erstes Auf-
dämmern, dass ich eine Seele hatte und dass sie von irgendwo
her – angerufen wurde«.[10]

Es ist der Ruf aus der Zukunft, einer unbekannten, aber mäch-
tig wirkenden Zukunft. Das ältere Kind tritt in die Spannung
ein, die zwischen dem »Nicht-mehr« und dem »Noch-nicht«
besteht. Das »Paradies« der Kindheit ist endgültig verloren, das
Tor zurück ist verschlossen. Sehnsuchtsvoll wird die Zukunft erwartet. Ein Zehnjähriger bringt es auf die knappe Formel: »Ich
bin zu Hause, aber ich habe immer Heimweh.«
  Heimweh nach der Zukunft! Das Kind sucht den Leitstern
seiner eigenen Biografie. Das innere Gespräch mit dem eigenen
höheren Ich beginnt. Das Verhältnis zum Erwachsenen ändert
sich – und damit dessen Aufgabe: Kann er als Gegenüber zur
Brücke werden, über die das suchende Kind zu sich selbst gelangen kann?
  Über diesen etwa drei Jahren vor den Stürmen der Pubertät liegt noch die Ruhe einer keimhaften Selbst-Entwicklung.

Körper- und Seelengleichgewicht schenken dem Menschen eine Vorahnung dessen, was er einmal werden kann und will. Der innere Dialog mit der eigenen Zukunft ist Hoffnung und Aufforderung zugleich. Die Stimme des höheren Ich zwingt nicht, ist aber unabweisbar. Sie ist Licht auf dem Weg in einen neuen Entwicklungsraum. Die Sehnsucht nach dem Grund des Lebens erwacht und wird den Menschen von nun an nicht mehr verlassen. Und er bedarf des Erwachsenen, der das Kind führt – nicht zu sich hin, sondern über sich hinaus!

ENTWICKLUNG DURCH BEGEGNUNG

Alle Entwicklung im Menschen geschieht durch Begegnung und Teilhabe. Besonders das Kind braucht die Wahrnehmung des anderen Menschen als Partner, in dem sich das eigene dumpfe Ich-Gefühl durch das Ich des Erwachsenen erweitert. Es ist auf *Dialog* angewiesen. Das Ich des anderen Menschen spiegelt das eigene Ich als Potenz, als Zukunft. Es wirkt als Lebenswirklichkeit, durch die der Mensch zu seinem eigenen wahren Ich-Wesen ahnend aufwacht.

Auch die Sprache wird als Medium neu erlebt, Erfahrungen werden geschildert und werfen Fragen nach Verarbeitung auf: Warum war das so? Das Kind, getragen von der Sprache, in der es aufgewachsen ist, findet zum bewussten Sprechen. Gleichzeitig vertieft sich das Hören zu einer neuen Haltung. Es werden die Intentionen des anderen ertastet und durchleuchtet: Ist der andere ehrlich, meint er es gut, erlebe ich von ihm Respekt?

Die Suche nach einer neuen Identität kann sich in jedem Fall nur am wahrnehmenden, sprechenden und agierenden Gegenüber entfalten. Das Kind braucht den Erwachsenen wie eine Brücke. Denn die Urverbundenheit des Kleinkindes mit der Welt (»Vater bin ich, Mutter bin ich, Sonne bin ich, alles bin ich« – so ein etwa vierjähriges Kind) ist verschwunden wie ein Regenbogen. Jetzt ist das Kind darauf angewiesen, die Welt zunächst als Inhalt des Lebens des Erziehers kennenzulernen. In dessen Verantwortung liegt es, ob das Kind später durch ihn zum guten Gebrauch der eigenen Freiheit finden kann. Indem der Erwachsene für sich selber nach dem Sinn seines Lebens sucht, zündet er ein Licht an. Dieses Licht kann dem älteren Kind ein Spiegel werden. Indem es das Licht des Erwachsenen erlebt, erwächst in ihm Lebensmut.

STUFEN DER GEWISSENSBILDUNG

Die Vorstufe zum eigenen Handeln ist die Einfühlung, die *Empathie*. Das Kind will – sich damit identifizierend – hingebungsvoll in den anderen eintauchen und miterleben, »wie Handeln geht«. Es erlebt menschliches Handeln mit, um es daran selber zu lernen. Doch das geht keineswegs reibungslos. Denn um das zehnte Lebensjahr beginnt eine Krise. Das Kind erfährt sein Willensleben neu: als »Nacht«, als Labyrinth, als hinter einer verschlossenen Tür, für das Bewusstsein unzugänglich.

In dieser Phase braucht das Kind Leitbilder, die Wirklichkeit eines anderen sprechenden und handelnden Ich, um dem »dunklen Grund« etwas entgegenzusetzen. Das Kind sucht im anderen Ich Quellen des Handelns, aus denen heraus es selber sein Verhalten mehr und mehr lenken kann. Darin liegt der hohe Auftrag und die Würde der Erziehung. Denn der Begegnungsraum zwischen Kind und Erwachsenem kann Zukunft vorbereiten und eröffnen. In den Jahren ab dem 9. Lebensjahr möchte der Stern des Kindes neu aufleuchten, bevor er zumeist in den Jahren der Pubertät noch einmal verschwindet. Das Gewissen als Zukunftspfand wird in diesen Jahren veranlagt.

Dieses Kapitel sei abgerundet mit Auszügen aus einem Brief, den der Arzt Hans-Müller Wiedemann aus der Seele des Kindes in der Mitte der Kindheit intuitiv an die Erwachsenen schreibt, »von Herz zu Herz«:

> »Erzieht mich nicht nach dem Muster, nach dem euch eure Eltern erzogen haben. Denn ich bin anders, als ihr damals gewesen seid … Ich möchte verstehen lernen, wie ein Mensch dem anderen helfen kann, und was einer dem anderen bedeutet. Denn ich ahne jetzt, dass der Mensch einsam sein kann … Ich ahne, dass es hinter dem Fühlbaren und Sichtbaren meines Leibes … noch etwas gibt, was ich auch bin und fühlen möchte. Ich hoffe, dass ihr von dort her zu mir sprechen lernt, wo der unsichtbare Mensch seine Heimat hat und wo sein Stern leuchtet …
> Macht euch kein Bild von mir, aber habt Vertrauen in mich …
> … sucht den Sinn eures Lebens. Dieses Licht in euch wird wie ein Spiegel sein. Ich kann darin euren Sinn in meinen Mut verwandelt sehen …
> Die Welt ist nicht immer schön, aber sie ist wichtig für mich. Auch jede menschliche Beziehung in ihr ist wichtig …«[11]

Diese Zeilen sind der Versuch einer Annäherung an das, was in der Seele des heranwachsenden Kindes lebt, das das Herz in sich entdeckt. Er könnte auch unterschrieben sein: Natascha Kampusch.

2 RELIGION IM ICH

DIE INNERE KRAFT
VON NATASCHA KAMPUSCH

Am 2. März 1998 wurde Natascha Kampusch als zehnjähriges Mädchen entführt. Sie hatte sich vorgenommen, dass dieser Tag der erste Tag eines neuen Lebens sein sollte. Auf dem Weg zur Schule wird sie von einem Mann in einem weißen Lieferwagen entführt. In einem Verlies unter einem gewöhnlichen Einfamilienhaus hält er sie achteinhalb Jahre gefangen. Nach und nach gestattet er ihr »Ausflüge«, bis sie in einem unbewachten Moment fliehen kann.[12]

IM RINGEN UM DIE INNERE FREIHEIT

Wie hat dieses Mädchen das ausgehalten, ohne zu zerbrechen? Wie hat sie den Täter in Schach gehalten, der zugleich über acht Jahre lang ihre einzige Bezugsperson war? Wie hat sie es geschafft, an ihrem Plan: »Mit 18 will ich frei sein!« festzuhalten und ihn gegen alle Widerstände zu realisieren? Ihr ungebrochenes Überleben ist umso bewundernswerter, als sie sich selber als unsicheres Mädchen schildert, das eine schwierige Kindheit hatte, im Wechselbad von Aufmerksamkeit und Vernachlässigung. Ihr starker Kern zeigt sich aber schon früh in dem Willen, zu lernen, Schwierigkeiten allein zu meistern.

Mit zehn Jahren sehnte sich Natascha Kampusch schon nach der Vollendung ihres 18. Lebensjahres, denn dann würde sie ausziehen und endlich selbstbestimmt leben können. Dieser Wille zur Zukunft, der Zeitbogen hin zum 18. Lebensjahr bildet die entscheidende Kraft, aus der Natascha Kampusch sich aufrechtgehalten hat. Sie hat aus der Zukunft überlebt!

Einige Wochen vor ihrer Entführung hatte sie durchgesetzt, allein zur Schule gehen zu dürfen. Sie wollte das, um ihre Angst selbst zu besiegen, von innen heraus stark zu werden. Die Entführungssituation zeigt dieses Ringen: Als sie den weißen Lieferwagen sieht, schrillen in ihr die Alarmglocken. Hat sie auf irgendeine Weise gewusst, was sie erwartet? Sie entschließt sich, nicht auf die andere Straßenseite zu wechseln, sondern an dem Unbekannten vorbeizugehen – als Mutprobe. Als sie ihm näher kommt, schwindet ihre Angst! Er strahlt etwas Schutzbedürftiges aus, verloren und sehr zerbrechlich … In dieser Erstbegegnung blickt sie tief in die Psyche des kranken Täters. Er wirkt schutzbedürftig, verloren, schwach. Hier zeigen sich bei Natascha schon zwei dem menschlichen Ich zugehörige Stärken: Mut und Empathie.

In den Jahren zuvor waren in den Medien verschiedene Fälle von Entführungen, von Missbrauch an Kindern bekannt geworden, die auch in der Schule besprochen wurden. Psychologen hatten geraten, sich gegen Übergriffe nicht zu wehren, um nicht das eigene Leben aufs Spiel zu setzen. Natascha hielt sich daran. Der Täter befahl ihr, ruhig zu sein, doch Natascha setzte sich über seine Anweisung hinweg und fragte ihn – nach seiner Schuhgröße! Man müsse den Täter genau beschreiben können, hatte sie gelernt. Offenbar hat sie den ersten Schock zurückdrängen können, indem sie ihre ganze Aufmerksamkeit in die Sinneswahrnehmung schickte.

In ihrem Gefängnis angekommen, fragt sie offen: »Werde ich jetzt missbraucht?«, und erhält die Antwort: »Dazu bist du viel zu jung, das würde ich nie tun.« Der Missbrauch durch den Täter ist sublimer. Er ist auf die Wahnidee verfallen, sich mit absoluter Macht die Nähe eines Menschen zu erzwingen, sich eine Sklavin heranzuziehen.

Auf dem kalten, nackten Boden ihres Verlieses findet sich Natascha in absoluter Dunkelheit. Als der Täter mit einer Glühbirne zurückkommt, geschieht in ihr etwas, ohne das sie wohl nicht überlebt hätte: »Ich akzeptierte, was passiert war.« Ihre Panik weicht einem gewissen Pragmatismus. Sie fügt sich, passt sich äußerlich an. Sie hat diese Form der Anpassung an die gegebenen Verhältnisse später eine Regression in ihre Kindheit genannt, durch die sie sich geschützt habe. Dadurch bewahrte sie sich einen inneren Raum, in dem Widerstands- und Durchhaltekraft wachsen konnten.

Der Täter übt einen sublimen Terror aus. Auf der einen Seite erfüllt er ihr nach und nach viele äußere Wünsche (Videogerät, Radio, Bücher ...), andererseits foltert er sie durch quälende Helligkeit in den Nächten, Reizentzug zu anderen Zeiten, Hungerfolter, Beschallung. Von körperlichen Misshandlungen, die im Laufe der Jahre zunehmen, kann sie sich nur durch minutiöses Aufschreiben einigermaßen distanzieren: Sinneswahrnehmung und Leiblichkeit als primäres »Zuhause«, als Grundlagen der Identität werden vom Täter attackiert. Er versucht nach und nach, ihr diese Identität zu nehmen.

Er verlangt, dass sie sich einen neuen Namen sucht: Natascha wählt »Bibiana«. Sie darf nicht mehr von ihrer Lebensgeschichte, der Zeit vor der Entführung sprechen. Er will sich einen Menschen »züchten nach seinem Bild«. Ihr eigenes Bild

verweigert er ihr: Sie bekommt keinen Spiegel, sie soll sich vergessen. Hinter seiner Fassade ist der Täter so schwach, dass er
ihr verbietet, ihm frontal ins Gesicht zu sehen!

Als Natascha nach sechs Monaten zum ersten Mal ihr Verlies
für kurze Zeit verlassen darf, wird ihr schmerzlich bewusst, wie
perfekt und praktisch unauffindbar das Versteck ist. Das fällt ihr
schwer auf die Seele. Sie realisiert, dass sie auf äußere Befreiung
nicht rechnen kann.

Vom ersten Tag der Entführung an lebt sie weiter auf das entscheidende Datum hin: ihren 18. Geburtstag. Um ihre Identität
zu bewahren und zu stärken, versucht sie, ganz bewusst in der
Zeit zu leben, sie putzt und pflegt und verschönert ihren »Ko-
kon«. Sie begibt sich in Form von »Zeitreisen« in den Laden der
Großmutter, baut sich an glücklichen Erinnerungen wieder auf,
entdeckt ein inneres Reich, das ihr niemand nehmen kann. In
diesem Reich erblüht für sie das Wunder der Sprache neu: »Es
waren Worte, die mich damals retteten.« (S. 87)[13] Sie verwebt
Worte ineinander, schreibt sich selbst lange Briefe und kleine
Geschichten, macht sich selber Mut:

> »Nicht unterkriegen lassen, wenn er sagt, du bist zu blöd
> für alles.
> Nicht unterkriegen lassen, wenn er dich schlägt.
> Nichts drauf geben, wenn er sagt, du bist unfähig.
> Nichts drauf geben, wenn er sagt, du kannst ohne ihn
> nicht leben.
> Nicht reagieren, wenn er dir das Licht abdreht.« (S. 232)

In äußerster Abhängigkeit erringt sie sich eine bewundernswer-
te Unabhängigkeit und Widerstandskraft. Das Erstaunlichste

aber in ihrem Verhalten ist, dass sie die *Gefahr des Hasses* von Anfang an durchschaut, nämlich, dass der Hass auch den Hassenden allmählich auffrisst und vernichtet. In einem Buch von Michel del Castillo (geb. 1933) findet sich ein weisheitsvoller Ratschlag an den Jungen Tanguy:

> »Nein, Tanguy, du darfst nicht hassen! Der Hass ist eine traurige Krankheit. Weil du viel gelitten hast, musst du viel verstehen und alles verzeihen. Überlasse den Hass jenen, die zu schwach sind, um lieben zu können.«[14]

Anstatt Hass zu entwickeln, erwachen in ihr der Wille und die Kraft zu *verzeihen*. Sie versucht, den Täter als Menschen zu sehen, der nicht von Grund auf böse ist, sondern es erst im Laufe seines Lebens wird. Dies ist keine Relativierung oder gar Entschuldigung des Täters, aber es hilft Natascha, ihm zu verzeihen und dadurch sich selber immer wieder von den Misshandlungen zu befreien. »Ich habe ihm die Entführung verziehen und jedes einzelne Mal, wenn er mich schlug und misshandelte. Dieser Akt des Verzeihens gab mir Macht über das Erlebte zurück und ermöglichte mir, damit zu leben.« (S. 184)

Instinktiv spürt sie, dass sie sonst zugrunde gegangen wäre. »Ich wäre auf eine Weise ausgelöscht worden, die viel schwerer gewogen hätte als die Aufgabe meiner alten Identität, meiner Vergangenheit.« Durch das Verzeihen – nicht durch den Hass – kann sie sich innerlich befreien; das Böse, das ihr zugefügt wird, kann sie nicht mehr erniedrigen und zerstören.

Sie hat nicht sympathisiert und kooperiert, sie hat aus innerer Stärke hinter der Fassade der Unterdrückung und des Terrors *den Menschen* gesucht.

»Stärker sein.

Nicht aufgeben.

Niemals, niemals aufgeben.« (S. 232)

Wo ist die Quelle dieser inneren Stärke? Wir stehen vor einem großen Rätsel, ja vor einem Geheimnis, das Natascha Kampusch nur an wenigen Stellen andeutet: *Sie lebt in einem inneren Dialog mit dem, was sie ihr »zweites Ich« nennt.*

VERTRAG MIT DEM ZWEITEN ICH

Indem Natascha Kampusch ins Jugendalter kommt, tritt eine neue Dimension in ihr Leben. In jedem Jugendlichen lebt der gesunde Impuls, die Jahre der Kindheit, die selbstverständliche Verbundenheit mit der Welt, in die man hineingeboren wurde, zurückzudrängen, um für das Eigene, das noch nicht da ist, einen Werde-Raum zu schaffen. So empfindet Natascha erstaunlicherweise, dass ihr die totale Freiheitsberaubung zugleich innere Freiräume eröffnet! »Im Schatten dieser Macht, die mir alles vorschrieb, konnte ich paradoxerweise zum ersten Mal in meinem Leben ich selbst sein.« (S. 147)

Doch zugleich vertiefen sich Angst und Einsamkeit, besonders an den Wochenenden, an denen sie immer allein ist. Sie wacht nachts schweißgebadet auf und ringt in der Dunkelheit darum, innerlich nicht den Boden unter den Füßen zu verlieren. Ihr kommt die Idee, sich selbst als die erwachsene Natascha und ihre eigene Zukunft als ermutigendes Gegenüber vorzustellen. Sie sieht ihr Leben vor sich wie einen leuchtenden Zeitstrahl, der weit in die Zukunft reicht, sie sieht ihr eigenes 18-jähriges Ich, groß und stark, selbstbewusst und unabhängig!

In diesem inneren Erlebnis kommt ihr verborgenes Ich ihr entgegen, sie gehen aufeinander zu, in der Mitte reichen sie sich die Hand! Sie fühlt die warme Berührung, fühlt, »wie sich die Kraft meines großen Ich auf das kleine übertrug«. (S. 172)

Die bewegende Nachtszene in völliger Dunkelheit und Einsamkeit schenkt Natascha große Zuversicht. Das höhere Selbst, das in jedem Menschen schlummert, erwacht in ihr. Dies ist weder eine subjektive Einbildung noch ein starres Über-Ich, das herrscht, sondern ein Partner in Freiheit. Aus dieser lebendigen, immer neuen Beziehung erfährt sie Stärkung. »In dieser Nacht schloss ich einen Vertrag mit meinem eigenen, späteren Ich. Ich habe mein Wort gehalten.« (S. 172)

Dennoch gelingt ihr die Flucht zunächst nicht! Bei mehreren »Ausflügen«, unter anderem in einen Baumarkt, und sogar bei einer zufälligen Polizeikontrolle (!) ist sie wie gelähmt. Ihr wird klar, dass sie von außen keine Hilfe bekommt und *dass sie sich nur allein befreien kann*. Als sie 17 wird, spitzt sich die Situation zu, es kommt sogar zu Selbstmordversuchen. Der Kontakt zu ihrem höheren Wesen droht abzureißen. Sie spürt, dass ihre Kraft schwindet und sie immer tiefer in die paranoide Welt des Täters hineinrutscht. Es kommen ihr Zweifel: Wie soll ihr kleines, verzagtes Ich zu dem starken Ich werden, das sie aus diesem Gefängnis befreien wird?

Sie berichtet, dass ihr in dieser Situation nur die *Selbstgespräche mit dem zweiten Ich* (S. 231) geholfen haben. Dieser Ausdruck zeigt die ganze Paradoxie ihrer Situation: Es sind *Selbst*-Gespräche, aber das Selbst spannt sich zwischen dem kleinen, gewöhnlichen Ich und dem zweiten, starken, zuversichtlichen Ich. Natascha Kampusch kann sich in dieser Spannung halten und wird durch sie gehalten.

Eines Morgens bleibt ihr aus der Nacht ein vages Gefühl, dem sie erstaunt nachsinnt. Aus dem Schlaf bringt sie *tiefe Entschlossenheit* mit. Sie ist inzwischen 18 Jahre, fühlt sich stark und selbstbewusst. »Ich war nun erwachsen, mein zweites Ich hielt mich fest in der Hand.« (S. 249)

Aber es kommen neue Krisen, Phasen der Verzweiflung, verpasste Gelegenheiten ... Die Beziehung zum Täter spitzt sich zu. Er spürt, dass sie sich ihm mehr und mehr entzieht. In einem letzten Versuch, seine absolute Macht zu beweisen, befiehlt er ihr, einen schwarzen Farbeimer rot zu nennen. Als sie sich weigert, wird sie fast bewusstlos geschlagen.

Es ist sein letzter verzweifelter Versuch einer absoluten »Machtergreifung«. Er will nicht nur ihren Bewegungsraum, ihre Zeit, ihr Essverhalten, er will zuletzt ihr Bewusstsein kontrollieren und beherrschen. Wahrheit soll nicht sein, was sie durch Wahrnehmung und Denken schafft, sondern allein, was er ihr vorgibt. Schließlich konfrontiert sie ihn: er solle sie umbringen oder freilassen. Er spürt, dass er mit seinen Plänen gescheitert ist. Dann gelingt ihr doch noch die Befreiung! Bei der Gartenarbeit klingelt sein Handy, er lässt sich ablenken, zum ersten Mal seit dem Beginn der Gefangenschaft lässt er sie aus den Augen. In einem »übermenschlichen Gewaltakt«, angefeuert durch die Stimme ihres zweiten Ich, gelingt ihr die Flucht.

VERTRAUEN: EINE RELIGION IM ICH

Haben religiöse Aspekte in den Jahren der Gefangenschaft für Natascha Kampusch eine Rolle gespielt? Sie spricht wenig über dieses Thema, aber zwischen den Zeilen ist tiefes religiöses Vertrauen zu spüren. Vertrauen in eine Instanz, die übersinnlicher Natur ist, ein Wesen, das auf sie stärkend und ermutigend wirkt. Es kommt nicht darauf an, ob es *zweites Ich*, *höheres Ich* oder *Genius* genannt wird. Es sind dies alles Aspekte ein und desselben.

In ihrem Buch berichtet Natascha, noch sehr kindlich, von dem tiefen Trost eines Liedes, dessen Text sie direkt zu betreffen scheint, ein Gebet an die Muttergottes:

Es will das Licht des Tages scheiden;
nun bricht die stille Nacht herein.
Ach, könnte doch des Herzens Leiden
so wie der Tag vergangen sein!
Ich leg mein Flehen dir zu Füßen;
o, trag's empor zu Gottes Thron,
und lass, Madonna, lass dich grüßen
mit des Gebetes frommem Ton:
Ave, ave Maria!

Es will das Licht des Glaubens scheiden;
nun bricht des Zweifels Nacht herein.
Das Gottvertraun der Jugendzeiten,
es soll uns abgestohlen sein.
Erhalt, Madonna, mir im Alter
des Glaubens frohe Zuversicht;
schütz meine Harfe, meinen Psalter;
du bist mein Heil, du bist mein Licht!
Ave, ave Maria!

Es will das Licht des Lebens scheiden;
nun bricht des Todes Nacht herein.

Die Seele will die Schwingen breiten;
es muss, es muss gestorben sein.
Madonna, ach, in deine Hände
leg ich mein letztes, heißes Flehn:
Erbitte mir ein gläubig Ende
und dann ein selig Auferstehn!
Ave, ave Maria!

Über die literarische Qualität dieses Liedes kann man sicher streiten, aber für das gefangene, einsame Kind war es ein höchster Segen. Oft können gerade Kinder durch das Äußere hindurch den wesentlichen Kern erfassen. So auch hier. Dieses Lied erschien Natascha geradezu für sie geschrieben. Sie bittet um ein »gläubig Ende« und ein »selig Auferstehen«.

Im Älterwerden findet Natascha eine Religion. Sie findet eine *Religion im Ich*. Sie erlebt die innere Spannung zwischen einem gewöhnlichen Ich und einem höheren, zweiten Ich. Entscheidend dabei ist die lebendige, treue Beziehung zu diesem Wesen – und der Mut, sich dieser Beziehung immer wieder neu zuzuwenden, sooft sie auch verloren scheint; sie lebt eine Religion im Ich.

Natascha Kampusch offenbart sich als ausgesprochen starke Persönlichkeit. Die Gefangenschaft ohne Aussicht auf Rettung und die ständige Bedrohung, der sie ausgesetzt ist, nimmt sie als Herausforderung an. Ihr Überlebenswille mündet in die Kraft, die Jahre ihrer Gefangenschaft als zu ihr gehörig anzunehmen. Sie lehnt nach ihrer Befreiung einen neuen Namen ab. Sie ist und bleibt Natascha Kampusch. »Ich bin Natascha Kampusch, ich wurde am 02.03.1998 entführt, und ich habe mich am 26.08.2006 selbst befreit.«

Natascha Kampuschs Lebenswille verdient unsere Bewunderung und Hochachtung. Ihr einsames Ringen um eine selbstbestimmte Zukunft ist die starke Treue zu dem, was wir unser höheres Selbst, den »Geist in unserem Herzen« nennen können.

»Strahlender als die Sonne
Reiner als der Schnee
Feiner als der Äther
Ist das Selbst,
der Geist in meinem Herzen
Dies Selbst bin Ich
Ich bin dies Selbst.«
Rudolf Steiner[15]

3   DIE FREIE KRAFT IM MENSCHEN

Zu den Phänomenen unserer Zeit, welche die menschliche Bio-
grafie gestalten, gehört die Tatsache, dass im Berufsleben der
Menschen ein Punkt kommt, an dem die Frage nach dem Sinn
der eigenen Arbeit laut wird. Viele Menschen steigen an diesem
Punkt um und suchen ein Arbeitsfeld, das über den Verdienst des
Lebensunterhaltes hinaus eine innere Befriedigung schenkt und für
das menschliche Umfeld und die Umwelt von Bedeutung ist. Wo es
dem Menschen nicht gelingt, seinem Lebensstil in Familie und Be-
ruf eine Sinngebung wie einen goldenen Faden einzuwirken, dro-
hen die Kräfte zu versiegen. Viele Menschen, gerade diejenigen, die
sich in der Welt sozial engagieren, in den Schulen, in der Entwick-
lungshilfe und wo auch immer, fühlen sich plötzlich ausgebrannt,
d. h. ganz ohne Kraft. Durch diese Erfahrung gehen heute viele
Menschen früher oder später, sodass sie den Eindruck haben: Ihre
Existenz ist wie an ein Ende gekommen, und eigentlich müssten sie
jetzt ganz neu beginnen. Aber woher die Möglichkeit und die Kraft
nehmen, die freie Kraft aus dem Inneren des Menschen?[16]

DAS SCHWERT: BILD DES ICH

Alle Krisen wirken sich in der Seele, in den Lebenskräften, in
Gesundheit und Krankheit aus, aber sie hängen zusammen mit
dem, was ich »das Drama des menschlichen Ich« nennen möchte. Nicht Tragödie, sondern das Drama des menschlichen Ich.

Wie kann man dieses Drama des menschlichen Ich anschauen? Die heutigen Wissenschaftler stehen eigentlich vor der großen Frage: Entspricht dem Wort »Ich« überhaupt etwas? Man kann es nicht anfassen, man kann es nicht messen. Ist es überhaupt wirklich?

Um die Frage nach dem menschlichen Ich und seine Entwicklung verstehen und beantworten zu können, möchte ich ein Bild verwenden, das für das menschliche Ich stehen kann – es findet sich auch im Neuen Testament: das Bild des *Schwertes*. Das Schwert ist ein Bild für das menschliche Ich, für die Ich-Kraft. Man muss sich nur einmal vergegenwärtigen, was es mit dem ganzen Menschen macht, wenn er ein Schwert ergreift und es führen will. Bis in seinen Leib vollzieht sich dabei eine Straffung, eine Konzentration; Wachheit ist gefordert. Wer ein Schwert führen will, muss diese Kräfte entwickeln.

In der Apokalypse des Johannes wird von dem Menschensohn gesagt, dass ein scharfes, zweischneidiges Schwert aus seinem Mund hervorgehe. Das knüpft an Jesaja an, der den Gottesknecht schildert: begabt mit der Kraft des Richtspruches, mit dem Wort, das aus seinem Munde hervorgeht und Entscheidung bewirkt. Die Kraft der Entscheidung, die innere Wachheit, das Kämpferische – all das kann uns am Bild dessen, der das Schwert gebraucht, deutlich werden.

Es gibt zu dem Schwert ein eindrückliches Bild aus der germanischen Mythologie: die Siegfried-Sage. Darin wird von einem Schwert erzählt, das einen wunderbaren Ursprung hat. Der nordische Seher schaut die ganze Schöpfung der Welt als in einem Baum zusammengefasst: die Weltenesche. Sie ragt in den Himmel und ist tief verbunden mit der Erde. Odin, einer der Götter, die den Menschen mit dem Ich begabt haben, stößt ein Schwert

Federzeichnung der Weltenesche von Franz Stassen (1869–1949).

in die Weltenesche. So heißt sie dann die »Esche Yggdrasil«, das heißt übersetzt »Ich-Träger«, ein Name, der auch für den Menschen zutreffend ist. Der Mensch selbst erscheint im Bild der Esche Yggdrasil. Odin bestimmt, dieses Schwert solle dem gehören, der die Kraft hat, es herauszuziehen.

In der Sage gelingt es Sigmund, das Schwert herauszuziehen, aber es wird ihm später zerbrechen. Es ist sein Sohn Siegfried, der das Schwert wiederherstellen wird, denn er erfüllt die Prophezeiung, indem er keine Furcht kennt.

DAS SCHWERT NEU SCHAFFEN

Siegfried kommt auf eine geniale Idee. Er ergreift die Reste des Schwertes und raspelt sie in einzelne kleine Stücke, löst das Schwert auf und schmilzt es dann auf einem Ofen, über einem Feuer, das von Scheiten der Esche genährt wird. Die Esche, Bild für die Ich-Kraft des Menschen, wird genommen, um das Feuer zu schüren. Siegfried schmilzt die Teile des Schwertes und gießt sich daraus eine neue Waffe, schafft aus dem alten ein neues Schwert. Mit diesem Schwert kann er dann den Drachen besiegen.

»Dem sterbenden Vater
zersprang der Stahl;
der lebende Sohn
schuf ihn neu«

heißt es bei Wagner. Ein wunderbares Bild!

Wie aus einer ersten Schöpfung heraus wird der Mensch mit der Ich-Kraft begabt, aber sie zerbricht. Der Mensch scheitert, erlebt, dass er scheitert, dass er nicht das tun kann, was er eigentlich will, dass er an Grenzen gerät. Siegfried schmilzt das ein und schafft es aufs Neue. Ein Umschmelzungsprozess, ermöglicht durch die Kräfte des normalen, des gewöhnlichen Ich, die da geopfert werden, um die Wärme zu schaffen, die notwendig ist, um das neue Schwert herstellen zu können. Das Bild für das menschliche Ich – gegeben, zerbrochen, neu geschaffen aus der Kraft des Feuers, wir können auch sagen: aus der Kraft des Herzens.

In dieser Sage wird vornehmlich auf den Aspekt des Ich in seiner Beziehung zum Willen geblickt. Die Ich-Begabung steht als ein Geschenk der Götter vor uns. Wie aus einer ersten Schöpfung heraus wird der Mensch mit der Ich-Kraft, im Bild des Schwertes begabt. Dieses Schwert ist zweischneidig, geeignet zum Segen und zum Fluch. Der Mensch scheitert, erlebt, dass er scheitert, dass er nicht das tun kann, was er eigentlich will, dass er an Grenzen kommt. So fügt die Ich-Kraft der Welt zunächst tiefe Wunden zu, und nur dieselbe Kraft kann und muss diese Wunden heilen.[17] Dazwischen liegt der Weg der Läuterung, der im Bild des Umschmelzens des Schwertes erscheint, eine Verwandlung im Ich.

MITLEID WIRD ZU FREIHEIT

Es ist ganz offensichtlich, dass wir heute als Menschheit die Phase »Freiheit von …« überführen müssen in ein Bewusstsein einer »Freiheit für …«. Die Freiheitsfrage stellt sich als ein Appell an die Verantwortung des Menschen für das Weltenganze.

Wofür will ich mich einsetzen, welchen Inhalt gebe ich meiner ja noch relativen Freiheit? Kann ich mir vorstellen, dass das

Ziel in den Worten Christi liegt: »Dein Wille geschehe«? Zwischen Einsicht und Tatkraft wirkt als verbindendes Glied das Fühlen. Ein überraschendes Licht auf das Thema Freiheit wirft die Monatstugend unter dem Sternzeichen Krebs: »Mitleid wird zur Freiheit!« Heißt das nicht: Erst Mitleid, dann Freiheit?

Die Zeit der tatsächlichen Schwerter ist vorbei, aber die Kraft, das Schwert zu führen, ist auch heute noch lebendig und notwendig. Es ist das Ich des Menschen, das durch seine Taten, Untaten und Nichttaten in der Welt wirkt und sie gestaltet. Ein eindrückliches Beispiel führt der Amerikaner George Ritchie in seinem Buch *Rückkehr von morgen* an. Bei Kriegsende wird er als Arzt in ein Konzentrationslager in der Nähe von Wuppertal beordert. Dort arbeitet ein polnischer Jude als Übersetzer, der immer frisch und lebendig wirkt, der die anderen trösten und aufbauen kann. George Ritchie fragt sich: Woher hat er diese Kraft?

Er schaut in den Akten nach und stellt fest, dass der Mann seit 1939 unter den gleichen Bedingungen wie auch all die anderen Häftlinge im KZ lebt, und den anderen geht es ziemlich elend. Woher nimmt er also diese Kraft?

ENTSCHLUSS, ZU LIEBEN

Eines Tages kommt er mit ihm ins Gespräch.

> »›Wir lebten im jüdischen Sektor von Warschau‹, fing er langsam an. Es waren die ersten Worte, mit denen er mir gegenüber von sich selbst sprach. ›Meine Frau, unsere zwei Töchter und unsere drei Jungen. Als die Deutschen unsere Straße erreichten, stellten sie jeden an die Wand und eröff-

neten mit Maschinengewehren das Feuer. Ich bettelte, dass sie mir erlauben würden, mit meiner Familie zu sterben, aber da ich Deutsch sprach, steckten sie mich in eine Arbeitsgruppe.‹ Er unterbrach, vielleicht, weil er wieder seine Frau und seine fünf Kinder vor sich sah. ›Ich musste mich dann entscheiden, ob ich mich dem Hass den Soldaten gegenüber hingeben wollte, die das getan hatten. Es war eine leichte Entscheidung, wirklich. Ich war Rechtsanwalt, in meiner Praxis hatte ich zu oft gesehen, was der Hass im Sinn und an den Körpern der Menschen auszurichten vermochte. Der Hass hatte gerade sechs Personen getötet, die mir das meiste auf der Welt bedeuteten. Ich entschied mich dafür, dass ich den Rest meines Lebens – mögen es nur wenige Tage oder viele Jahre sein – damit zubringen wollte, jede Person, mit der ich zusammenkam, zu lieben.‹«[18]

Dieses Vor-dem-»Nichts«-Stehen ist heute Zeitenschicksal für viele Menschen in aller Welt. Der polnische Jude konnte im Augenblick des unaussprechlichen Verlustes und Schmerzes die Idee der Liebe fassen. Er hat alles Zerbrochene im Herzen noch einmal umgeschmolzen und mit der neu erworbenen Kraft unter den schwierigsten Umständen für seine Mitmenschen stärkend wirken können. George Ritchie kam durch das Wirken dieses Menschen zu folgender Einsicht: »Jede Person zu lieben … das war die Kraft, die den Mann in allen Entsagungen so wohl erhalten hatte. Es war die Kraft, die mir zuerst im Krankenzimmer von Texas begegnet war, und, das lernte ich Stück für Stück, wo Jesus Christus hindurchscheinen wollte – ob der menschliche Träger sich dessen bewusst war oder nicht. Weder Hass noch Rache heilen die Welt – und auch mich –, sondern die Liebe.«

Liebe und Freiheit gehören zusammen. Wie viele Menschen haben mit ihrem Leben bewiesen, dass es diese innere Freiheit gibt und dass sie ihre Stärke aus der Liebe zu den Menschen schöpft. In ihnen allen wirkt unmittelbar die Christuskraft wesenschaffender Liebe, die Kraft dessen, der die Herzen befriedet und uns im Willen stärkt.

Der österreichische Psychiater Viktor Frankl (1905–1997) hat nach seinen Erfahrungen im Konzentrationslager Zeugnis abgelegt für den Menschen schlechthin.[19] Ihm hat das Leben dort bewiesen: »… dass man dem Menschen im Konzentrationslager alles nehmen kann, nur nicht: die letzte menschliche Freiheit, sich zu den gegebenen Verhältnissen so oder so einzustellen. Und es gab ein ›so oder so‹«! Täglich stand der Einzelne vor der Entscheidung, »für oder gegen den Verfall an jene Mächte der Umwelt zu glauben, die dem Menschen sein Eigentliches zu rauben drohen – seine innere Freiheit«. Frankl war überzeugt, dass die geistige Freiheit des Menschen ihm erlaubt, bis zum letzten Atemzug Gelegenheit zu finden, sein Leben sinnvoll zu gestalten. Er führt aus, dass das Leben an sich sinnvoll ist, sei es im tätigen, schöpferischen Vollzug, oder im Erleben der Schönheit von Natur und Kunst. Oder eben auch in den größten Beschränkungen des Schicksals, wenn einem nichts bleibt, als sich den gegebenen Verhältnissen zu stellen. Und »wenn Leben überhaupt einen Sinn hat, dann muss auch Leiden einen Sinn haben«.

Es hat sich tausendfach gezeigt, dass das Ich des Menschen, seine urwesentliche Kraft, an den Herausforderungen des Lebens erstarkt, sofern es sie als Chance annimmt. Auch in friedlichen Zeiten – wenn es solche überhaupt gibt – bringt jeder

Lebensweg Krisen unterschiedlichster Art mit sich. Sie sind Knotenpunkte in der Entwicklung des Menschen. Sie können Besinnung einleiten, eventuell eine Richtungsänderung bewirken, Klärung, Wandel und innere Erstarkung ermöglichen. Es gehört Mut dazu, dem gesellschaftlichen Druck, auf allen Gebieten den Erwartungen zu entsprechen, zu widerstehen. Leiden, Krisen, Krankheiten, Tod – sie gelten als Übel. Wir gehen ihnen aus dem Weg, verdrängen und betäuben sie. Aber die eigene Lebenssituation, sei es in der Familie, unter Freunden, im Beruf, wird dadurch nicht besser.

An zugefügtem oder erduldetem Leid kann das menschliche Ich zerbrechen oder zu sich selbst erwachen, das gilt für Opfer und Täter gleichermaßen. Ernst Toller, Dichter und Politiker (1893–1939), zog als begeisterter Freiwilliger in den Ersten Weltkrieg – und eine ganze Generation mit ihm. Eine gerechtere Welt wollten sie erkämpfen. Toller kam als überzeugter Pazifist zurück und versuchte, als aktiver Politiker die gesellschaftlichen Verhältnisse nach dem Krieg neu zu gestalten. Seine Erfahrungen ließen ihn eine erschütternde Bilanz ziehen.[20]

»Ich fasse das Leid nicht, das der Mensch dem Menschen zufügt. Sind die Menschen von Natur so grausam, sind sie nicht fähig, sich hineinzufühlen in die Vielfalt der Qualen, die stündlich, täglich Menschen erdulden?
Ich glaube nicht an die böse Natur des Menschen, ich glaube, dass er das Schrecklichste tut aus Mangel an Phantasie, aus Trägheit des Herzens.
Habe ich nicht selbst, wenn ich von Hungernöten in China, von Massakern in Armenien, von gefolterten Gefangenen auf dem Balkan las, die Zeitung aus den Händen gelegt und, ohne innezuhalten, mein gewohntes Tagewerk

fortgesetzt? Zehntausend Verhungerte, tausend Erschossene – was bedeuteten mir diese Zahlen? Ich las sie und hatte sie eine Stunde später vergessen. Aus Mangel an Phantasie. Wie oft habe ich Hilfesuchenden nicht geholfen. Aus der Trägheit meines Herzens.

Würden Täter und Tatenlose sinnlich begreifen, was sie tun und was sie unterlassen, der Mensch wäre nicht des Menschen ärgster Feind.

Die wichtigste Aufgabe künftiger Schulen ist, die menschliche Phantasie des Kindes, sein Einfühlungsvermögen zu entwickeln, die Trägheit seines Herzens zu bekämpfen und zu überwinden.«[21]

4 MIT MIR IM DIALOG

JUAN RAMÓN JIMÉNEZ, *YO NO SOY YO*

Den spirituellen Aspekt in Natascha Kampuschs Leben, den
sie scheu, aber bestimmt in Worte zu fassen sucht, finden wir
poetisch offenbart in einem Gedicht des Spaniers Juan Ramón
Jiménez (1881–1958). Die Kunst ist es, die oft glaubhaft von der
geistigen Welt Zeugnis ablegt.

> *Ich bin nicht ich.*
> *Ich bin jener,*
> *der an meiner Seite geht,*
> *ohne dass ich ihn erblicke,*
> *den ich oft besuche,*
> *und den ich oft vergesse.*
> *Jener, der ruhig schweigt, wenn ich spreche,*
> *der milde verzeiht, wenn ich hasse,*
> *der umherschweift, wo ich nicht bin,*
> *der aufrecht bleiben wird,*
> *wenn ich sterbe.*
> Juan Ramón Jiménez[22]

Ich bin – nicht ich?! Welche Erfahrung steht hinter einem solchen paradoxen, aufweckenden Satz? War Jiménez vielleicht
selbst erschrocken, als er diesen Satz »hörte«, bevor er ihn nie-
derschrieb? Oder besser, als er *ihm kam*? Kam er *aus* ihm oder

auf ihn *zu*? Einerlei: Mit einem Mal war er da, plötzlich, wie aus dem Nichts.

Und alles ist anders geworden mit diesem Satz. Alle gewohnten Verhältnisse sind nicht mehr. Denn was ist gewohnter, selbstverständlicher, normaler als: »Ich bin ich!«?

Natürlich: Ich – der Mittelpunkt meiner Welt, ja, der Welt überhaupt! Jeder fühlt sich als Mitte, als Zentrum, um das sich alles dreht. Damit ist es jetzt vorbei:

Ich bin – nicht ich.

Nach dem ersten leisen Erschrecken tritt Ruhe ein. Ich schaue genauer hin, will mir Klarheit verschaffen und beginne zu fragen: »Who is who?« Wer ist *ich* in »Ich bin« und wer ist *ich* in »nicht ich«? Zweimal ich?! Dazwischen das scharfe Schwert: »nicht«! Und in diesem Wort ist zu allem Überfluss auch noch ein »Ich« enthalten! Zufall?

Lassen wir das »Nicht« stehen, wie es dasteht: trotzig, aufrecht, sich behauptend. Das »Nicht« bringt in dem Satz alles in Aufruhr, in Auflösung. Wer *bin* ich? Wer bin *ich*? Ich schwimme, aber der Satz ergibt auch Sinn. Er führt mich in ein neues, unbekanntes Land.

Hilft uns die nächste Zeile weiter? Ja und nein. Ja, weil eine ruhige, »normale« Aussage sich ankündigt. »Ich bin ...« Also alles wieder in Ordnung? Scheinbar, aber dann diese Spannung: »Ich bin jener ...« Wann sprechen wir von »jener«? Wenn zwei Menschen sich begegnen und miteinander von einem dritten sprechen, sind sie »jenem« auf der Spur? Wer bist du, »jener«?

Ich bin jener,
der an meiner Seite geht ...

Ich lasse mein Denken einen Moment lang los und fühle *Vertrauen*: Da ist einer an meiner Seite gehend!

Mir fällt eine Zeile aus einem Kindergedicht ein: »Er geht unhörbar mit ...« Aber da ist doch der *Engel* gemeint, nicht ich, ein Mensch ... Der Engel geht *nahe* mit, beschützend. »Jener« aber ist weiter weg, mit einem Zwischenraum, Frei-Raum zwischen mir und »ihm«. Und doch nah: an meiner *Seite*, wo ich ihn berühren kann und er mich, wo ich seine Nähe spüren kann – vielleicht erst viel später: Da war doch was, aber jetzt wird es mir erst bewusst! Ich sinne dem nach:

Ich bin nicht ich.
Ich bin jener,
der an meiner Seite geht,
ohne dass ich ihn erblicke ...

So etwas gibt es ja tatsächlich. Wie viel geschieht, ohne dass ich es bemerke, mir bewusst mache! Bin ich durch jene Zeilen jetzt aufmerksamer geworden, um »es« zu bemerken, *während* es noch geschieht? Oder geschieht es immer nur wie unter einem Schleier, unter einem Schutz, damit es nicht »festgenagelt« wird? Ist Jiménez hier der Geburtshelfer unseres Bewusstseins, für das Zusammenspiel von »ich«, »nicht ich« und »jenem«?

Dass da noch »jemand« ist, manchmal spürbar, die Zeit verdichtend, die Zeit anhaltend, Gegenwärtigkeit schaffend – wer dafür empfänglich ist, kann es erfahren. Aber dass dieser jener *ich* bin – wie soll das gehen? Die Spannung zwischen dem gewohnten

»Ich bin« und dem unbekannten, geheimnisvollen »jenem«, der ich auch bin, vielleicht sogar wesentlicher bin, droht mich zu zerreißen. Kann *ich zwei* sein, kann ich *hier* sein und zugleich *dort*, wo *jener* ist? Für das Denken mag es verwirrend sein, aber das Gefühl spürt verheißungsvolle Wahrheit. Es geht neben mir einer, der sich erst nach und nach offenbart, der mir aber gleichzeitig schon tief bekannt sein muss, denn ich bin jener.

Ich bin jener, den ich oft besuche ...

Ich stutze. Wann habe ich ihn besucht? *Besucht?* Mich auf die Suche nach ihm gemacht? Wann war das, und »oft«? Ich bin erstaunt! Zugleich klingt der Satz so vertraut, so einfach, so wahr, dass ich nicht widersprechen mag. Oft besuchte ich jenen – und weiß es nicht! Es mag in der Nacht sein, und am Tage vergesse ich ihn.

Ich bin jener,
den ich oft vergesse

Was ist es mit dem »Vergessen«? Oft schmerzlich, wenn ich zum Beispiel einen Geburtstag vergesse; oder ich habe vergessen, etwas zu tun, das ich zugesagt hatte. Auf der anderen Seite kann das Vergessen auch etwas Befreiendes, Lösendes haben. Etwas versinkt, wird verzehrt, vom Urgrund ge- und ver-gessen. Auch der Kompost ver-gisst alles und bringt neue fruchtbare Erde hervor! Also gehört das Vergessen zum Leben.

Ich bin jener,
der ruhig schweigt, wenn ich spreche ...

Diese Worte machen mich aufmerksam, hellen etwas auf, das mir sehr nahe ist, was in meinem *Wortland* ist. Wenn ich mit einem anderen spreche, ist da manchmal nicht noch mehr als 1 + 1? Etwas Unerhörtes, Stilles, Verborgenes, das innehält, wenn der eine spricht, wenn der andere spricht? Der da wacht, wo die beiden ganz im Hin und Her der Rede aufgehen? Einer, der alles schweigend in sich aufnimmt, »schweig-sam« alles zu einem Samen macht, was er hört? Ein stiller, wacher Zuhörer, »der ruhig schweigt, wenn ich spreche«? Einer, der ohne mich nicht da wäre, aber auch nicht in mir aufgeht, ohne den umgekehrt auch ich nicht wäre?

Weiter: Jetzt wird das Gedicht dramatisch. Denn es geht um *Hass* und *Verzeihung*. Gilt nicht: entweder hassen *oder* verzeihen? Und jetzt heißt es:

> *Ich bin jener,*
> *der milde verzeiht, wenn ich hasse …*

Ist das denkbar, dass da noch ein anderer (in mir!) ist, der das wirklich *tut*, während ich doch hasse, »blind vor Wut« bin? Wie habe ich darüber gestaunt, dass Natascha Kampusch ihrem Peiniger *alles verziehen* hat. Daran wurde mir klar: Sie hat die *Gefahr* des Hassens, die Falle des Hassens gekannt. Aus Wachheit und Stärke hat sie dem, »der milde verzeiht«, in sich Raum gegeben. Vielleicht müssen wir sagen: Der Verzeihende ist da, nicht nur in Natascha, ist da in jedem von uns. Aber an uns ist es, vor ihm zurückzutreten. Erst dann kann er wirken, milde verzeihen, sogar dann, wenn ich hasse …

Wie geht es weiter?

Ich bin jener,
der umherschweift, wo ich nicht bin.

Überraschend, oder? Und was ist das: »umherschweifen«? Ziellos, sich dem und jenem zu überlassen, einfach so? Umherschweifen heißt doch: wandern, wandeln, entdecken, staunen, sich treiben lassen, wieder innehalten: Der Weg ist Fülle. Da ist Weite, Raum für Überraschendes, Freudiges, für Geschenke des Augenblicks. Und wir hinterlassen eine Spur im Unsichtbaren – wie den Schweif eines Kometen –, eine Spur von Gegenwärtigkeit, Atem, Interesse, Halt in der Bewegung.

Zuletzt öffnet uns Jiménez einen Vorhang. Er blickt – und lässt uns blicken – auf das Ende unseres Lebens. Und da erscheint nicht eine dunkle schwarze Wand, hinter die ich nicht blicken kann, sondern – *ein Bild! Waagrecht* erscheint das Bild des sterbenden Menschen, *Senkrecht* erscheint »jener«:

Jener, der aufrecht bleiben wird,
wenn ich sterbe.

Zusammen bilden sie ein Kreuz, das Kreuz der Hoffnung. Denn der Aufrechte weist über den Tod hinaus, er wird bleiben, aufrecht bleiben, um uns aufzurichten. Denn »jener« bin *ich*, oder vorsichtiger gesagt: Auch ich kann Anteil haben an Seiner aufrechten, dem Tod trotzenden Kraft. Der Tod kann ihn nicht fällen. »Jener« hat den Menschen wieder aufgerichtet. Wer ist »jener«?

Die tradierten Namen stehen uns auch in der Religion oft im Wege. Wir meinen, wir wüssten Bescheid, wenn wir die tradierten Namen gebrauchen. Diese sind ja richtig, aber geschichtsbeladen, eingefurcht in unser Bewusstsein. Neue Erfahrungen aber brauchen neue Worte, neue Weisen, es zu sagen. Wo ist dies so gelungen wie in diesem Gedicht? Der an unserer Seite, der Verzeihende, der aufrecht Bleibende – diese Umschreibungen, »Um-gänge« sind der rechte Umgang mit »Jenem«. Denn sein *Tun* offenbart sein Wesen, offenbart, wer er ist: der unsterbliche Bruder des sterblichen Menschen.

Ich bin nicht ich.
Ich bin jener,
der an meiner Seite geht,
ohne dass ich ihn erblicke,
den ich oft besuche,
und den ich oft vergesse.
Jener, der ruhig schweigt, wenn ich spreche,
der milde verzeiht, wenn ich hasse,
der umherschweift, wo ich nicht bin,
der aufrecht bleiben wird,
wenn ich sterbe.

YO NO SOY YO.
Soy este
que va a mi lado sin yo verlo;
que, a veces, voy a ver,
y que, a veces, lovido.
El que calla, sereno, cuando hablo,
el que perdona, dulce, cuando odio,
el que pasea por donde no estoy,
el que quedará en pié cuando yo muera.

5 DAS GEHEIMNIS DES ICH – JOHANN GOTTLIEB FICHTE

Das kleine Kind lebt in der intuitiven Nachahmung seiner Umgebung. Es wird – bis in seine Leiblichkeit hinein –, was es wahrnimmt. Das Schulkind sucht den Erwachsenen, dem es nacheifern kann, zu dem es als einer geliebten Autorität aufblickt. Der Jugendliche versucht seine Ideale in den *Stars* (= Sternen!) wiederzufinden, die er verehrt, die er »anhimmelt«.

Auch der Erwachsene braucht und sucht sich innere Leitbilder, an denen er sich in Freiheit orientieren kann und messen will.

Die Fragestellungen: »Was ist Freiheit?« oder: »Wer bin ich?« sind in der Literatur der Gegenwart sehr präsent.[23] Bewusst oder unbewusst beziehen sich viele dieser Bücher auf eine Strömung innerhalb der deutschen Philosophie des 19. Jahrhunderts, die man gewissermaßen als Grundlage der Ich-Forschung betrachten kann.

Der Philosoph Johann Gottlieb Fichte (1762–1814) kann für alle diejenigen ein Leitbild sein, die um die Frage ringen: Welche Aufgabe und welche Chance liegt im Ich des Menschen?

Ich bin, aber ich bin auch *noch nicht*. Das Ich lebt aus seinen Widersprüchen und wächst durch seine Bewegungen.

Es kann uns erstaunen, wie Fichte sein Initiationserlebnis in die Form eines hymnischen Gedichtes bringt. Dieses Gedicht gewährt uns einen tiefen Einblick in die Seele des großen Philosophen:

Was meinem Auge diese Kraft gegeben,
Dass alle Missgestalt ihm ist zerronnen,
Dass ihm die Nächte werden heitre Sonnen,
Unordnung Ordnung und Verwesung Leben?

Was durch der Zeit, des Raums verworr'nes Weben
Mich sicher leitet hin zum ewg'en Bronnen
Des Schönen, Wahren, Guten und der Wonnen,
Und darin vernichtend eintaucht all mein Streben? –

Das ist's: Seit in Uranias Aug', die tiefe,
Sich selber klare, blaue, stille, reine
Lichtflamm' ich, selber still, hineingesehen:

Seitdem ruht dieses Aug' mir in der Tiefe,
Und ist in meinem Sein – das ewig Eine,
Lebt mir im Leben, sieht in meinem Sehen.

J. G. Fichte[24]

IDEALISMUS

Auf philosophische Weise nähert sich Johann Gottlieb Fichte der Frage an: »Wer bin ich?« Man kann Fichte den Begründer der Philosophie des Idealismus nennen. Denn er hat erlebt und als Grundlage seiner Ich-Philosophie ausgesprochen, dass unser Ich geistig ist, immer auch Ideal ist und bleibt. Er hat erkannt, dass unser Ich-Erleben ein Doppel-Erleben ist: Das Gewöhnliche Ich: »Ich bin der und der, bin in der und jener Verfassung usw.« Man könnte dies unser bürgerliches Ich nennen. Daneben gibt es aber ein anderes Ich, ein höheres, das sich mir z. B. im lebendigen Gewissen offenbart. Der Mensch ist *Bürger zweier Welten*, jeder hat eine »doppelte Staatsbürgerschaft«.

Fichte hat dieses Dasein in zwei Welten sehr tief erfahren und wollte es in Gedankenform jedem Menschen klarmachen: Du, Mensch, bist ein Ich! Und er wollte ihm vermitteln, welch umstürzendes, alles in und um mich verwandelnde Erlebnis das ist. Denn die meisten Menschen, so sagt Fichte einmal, könnte man eher dazu bringen, »sich für ein Stück Lava im Monde, als für ein *Ich* zu halten«.[25]

Überblickt man Fichtes Leben, so zeigt sich, dass das Ringen um das Ich nicht nur seine philosophischen Gedanken, sondern auch seine Biografie und seine Lebensgestaltung prägt. Philosophie, Biografie und Streben nach Charakterbildung sind bei ihm eine Einheit. Seine Philosophie ist Frucht seiner dynamischen Biografie, und die Biografie bringt sein Ringen um das Ich plastisch zum Vorschein. Und in allem tritt ein großer Charakter in Erscheinung, bei allen Schwächen, die auch ihm anhaften. Er war ein Rebell der Freiheit. Sein Streben ging dahin, nicht nur für sich selber Freiheit zu erringen und zu behaupten, sondern alle frei zu machen. Seine größte Lebenstat war es, dabei unangefochten und unverbittert Verkennung, Ablehnung und Ausschluss in seinen verschiedenen Lebensphasen zu ertragen und sich selbst die Treue zu halten.

BIOGRAFISCHE STREIFLICHTER

Johann Gottlieb Fichte wird als ältestes Kind eines wenig bemittelten Bandwirkers und seiner Frau im Osten Deutschlands ge-

boren. Noch wütet der Siebenjährige Krieg (1756–1763) besonders in Sachsen und Schlesien. Nach Johann Gottlieb werden
noch neun weitere Geschwister geboren. Drei davon versterben
sehr früh.

Aus der Kindheit Johann Gottliebs wird berichtet, dass er als
Hütejunge für die Gänse und Ziegen oft stundenlang auf dem
Feld stand und den Blick unverwandt in die Ferne richtete. Im
Rückblick waren Fichte diese einsamen Stunden die hellste und
liebste Erinnerung. Dies erinnert an die verschiedenen Kind-
heitserinnerungen, die wir im ersten Kapitel beschrieben haben.
Sein Blick in die unbestimmte Ferne mag seinen Geist aus der
Zukunft angerührt haben.

Der etwa neunjährige Junge erfährt eine schicksalsbestim-
mende Begebenheit. Er kann einem Gutsherren, der in die
Kirche kam, um den dortigen Prediger zu hören, diesen aber
verpasste, die versäumte Predigt nicht allein exakt wiedergeben,
sondern, durchseelt und vom eigenen Feuer durchdrungen,
nachschaffen. Der Gutsherr ist davon so beeindruckt, dass er
ihm eine höhere Bildung ermöglicht. Dadurch kommt Fichte zu
einem Pfarrer in Meißen, der ihn in die alten Sprachen einführt.
Auf diese Weise kommt es zu einer frühen inneren Abnabelung
von der Familie. Mit etwa 13 Jahren kommt er in das berühmte
Schulpforta bei Naumburg. Die strenge und moralische Erziehung im Internat erlebt er wie eine Internierung. Prügelstrafen
waren üblich. Fichte unternahm einen Ausbruchsversuch. Auf
Landkarten hatte er den Weg studiert, um nach Hamburg zu
kommen. Von dort aus wollte er mit einem Schiff auf eine einsame Insel gelangen. Der Knabe kehrte aber nach Schulpforta
zurück, als er sich den Schrecken der Eltern über seine Flucht
vorstellte. Die Sehnsucht nach Ferne und Weite blieb jedoch
bestehen. Ähnlich hatte Johann Gottfried Herder, seit 1764 Pre-

diger in Riga, mit einem Mal seine Stelle aufgegeben und war von Riga mit dem Schiff nach Frankreich aufgebrochen. Diese Schiffsreise war für ihn zugleich eine Entdeckungsreise in eine neue Existenz – das unendliche Meer gibt der Seele Weite und neue Horizonte.

LEBENSKRISE

Nach Abschluss der Schule muss er sein Theologiestudium in Jena, Wittenberg und Leipzig selbst finanzieren, erlangt aber keinen Abschluss. Am Abend vor seinem 26. Geburtstag stürzt er in eine große innere Krise: Er sieht keinen Sinn mehr in seinem Leben, fühlt sich ausgestoßen von der Welt und glaubt, seinen letzten Geburtstag zu erleben. Gerade in diesem Augenblick erreicht ihn Hilfe – eine urbildliche Erfahrung! Wo wir selber an den Rand der Verzweiflung geraten, aber nicht aufgeben, antwortet der Himmel. Fichte erhält von dem ihm befreundeten Schriftsteller Weiße einen Brief wie von einem »rettenden Engel«. Ihm wird eine Stelle als Hauslehrer in Zürich angeboten, im Hause der Familie Ott, die das Gasthaus »Zum Schwert« führt. Wie passend für einen Menschen wie Fichte – wir erinnern uns an das Schwert als Bild für die Ichkraft, die in seinem Leben der Angelpunkt seines Wirkens war. Er lernt seine spätere Frau kennen und erfährt Nähe und Liebe, die er in seiner Kindheit entbehrt hatte. Eine ganz andere Seite seines Wesens kann sich nun offenbaren. Es gilt jetzt, eine eigene Existenz aufzubauen. Die inneren Grundlagen dafür waren nun gegeben: Sicherheit im eigenen Denken, Zärtlichkeit und Liebe in der Seele und Gewissenskraft im Ich.

Von Zürich nach Leipzig zurückgekehrt, scheitern aber alle Versuche – egal, was er unternimmt –, sich eine Existenzgrundlage zu schaffen. Dadurch gelangt er an einen neuen Wendepunkt seines Lebens. Er erkennt seine aussichtslose Lage, aber er folgert daraus: Wenn ich das »Außer-mir« nicht ändern kann, muss ich das »In-mir« ändern. Daraufhin strukturiert er seinen Tag ganz neu. Darin zeigt sich grundsätzlich die Ich-Präsenz eines Menschen, ob er seinen Tag selber strukturieren kann! Fichte steht von nun an früh um 5 Uhr auf, obwohl er bisher gern lang schlief, und richtet sich Stunden des Studierens und des Unterrichtens ein. Von 4 bis 6 Uhr wird durch Felder, durch Wälder gestürmt, besonders wenn es stark regnet oder windig ist. Fichte joggt!

Hinzu kommt eine weitere Willensübung, die seine Gesundheit an Leib und Seele befördert. Er bemüht sich darum, völlig Herr über sich zu werden, er erlegt sich in dieser Hinsicht etwas auf, was er nicht gern tut, versagt sich, was er gern getan hätte. Jeder aufkeimenden Leidenschaft kündigt er den Krieg an. Ergebnis: Er jauchzt vor Gesundheit und sei den ganzen Tag völlig bei guter Laune.

Fichte erwirbt sich auf diese Weise Seelenstärke und Krisenfestigkeit. So ist er gerüstet, weitere Lebenswiderstände auszuhalten. Und die lassen nicht lang auf sich warten.

Um das 30. Lebensjahr wendet sich sein Schicksal erneut. Ein Verleger gibt Fichtes erste größere Schrift anonym heraus, um die Zensur zu umgehen. Man hält das Buch für die lang erwartete Religionsschrift Immanuel Kants – und lobt sie über alle Maßen! Als der wahre Autor bekannt wird, ist Fichte über Nacht ein berühmter Mann!

PROFESSOR IN JENA

Die Ideale der Französischen Revolution erfassten auch Deutschland, und Fichte gehört zu denen, die sich flammend für sie begeistern. Nach einem Besuch Fichtes bei einem Bekannten, berichtet dieser Herder in einem Brief von Fichtes revolutionären Ansichten zur geistigen Situation Europas. Der Brief schließt dann erleichtert:

> »Nachdem ich erlöst worden, öffnete ich Tür und Fenster, um durch einen sanften Abendwind mein Zimmer und meine Seele zu reinigen.«[26]

Solches Feuer ging von Fichte aus.

In dieselbe Zeit, Ende 1793, fiel auch die entscheidende innere Entdeckung Fichtes. Er schildert später, er habe am offenen Kamin gestanden und in die Flammen geschaut. Dann sei ihm plötzlich offenbar geworden: »Ich bin!« Kurz darauf schreibt er in einem Brief, er habe ein neues Fundament entdeckt, aus welchem die gesamte Philosophie sich sehr leicht entwickeln lasse.

Sehr leicht?

Bis zu seinem Lebensende ringt Fichte darum, seine Zuhörer zu dieser selben fundamentalen Erfahrung zu bringen: »Ich bin!« Seine abstrakte Sprache, mit der er an die philosophische Tradition anknüpft, macht es anderen allerdings schwer, zu dieser Erfahrung durchzustoßen. Und doch spürten die Menschen seiner Zeit, dass von Fichte eine innere Revolution, eine »Revolution des Denkens« ausging.

An dieser neuen, freien Geistesart wurden auch die Herrscher Europas kritisch gemessen. Fichte betrachtet die Mäch-

tigen, analysiert ihre Handlungen und Motive – und kommt zu
dem Schluss: Sie alle sind mindestens um die Zeit ihrer Regie-
rungsjahre hinter ihrem Zeitalter zurück. Und er prophezeit,
dass es bald keine Fürsten mehr geben werde!

Trotzdem – oder gerade deswegen?! – wurde er 1794 von Karl
August, dem Herzog von Sachsen-Weimar, auf die damals be-
deutendste und berühmteste Universität Europas, nach Jena,
berufen. Der Herzog und sein Ratgeber Goethe, der diesen Ruf
eine Verwegenheit nannte, setzten die Berufung Fichtes gegen
große Widerstände durch.

Er wird in Jena begeistert empfangen und seine Vorlesungen
finden enormen Zulauf, obwohl es schwer ist, ihn zu verstehen.
Hinzu kommt, dass er sich mit kritischen Ansichten hinsichtlich
gewisser Studentenverbindungen nicht zurückhält. Fichte löst
helle Begeisterung, aber auch Widerstand aus. Unter unglücklichen Umständen wird er 1799 auf dem äußeren Höhepunkt
seiner Laufbahn wegen angeblichem Atheismus als Philosoph
entlassen. Mit 37 Jahren steht er wieder einmal vor dem Nichts!

RELIGIONS-ERKENNTNIS

Der König von Preußen heißt ihn – gegen den Widerstand seiner Polizei! – in Berlin willkommen. Aus seinen Worten spricht
die Souveränität der Aufklärung, Respekt vor der Würde des
Menschen: »Ist es wahr, dass er mit dem lieben Gotte in Feind-
seligkeiten begriffen ist, so mag dies der liebe Gott mit ihm ab-
machen; mir tut das nichts.«[27]

Fichte aber empfand sich ganz und gar nicht als Atheist, im
Gegenteil! Er verstand seine Philosophie als Weg – wie übrigens

auch Hegel –, die Grundwahrheiten des Christentums neu zu erfassen und sie vor dogmatischer Erstarrung zu retten. Dazu aber fordert er vom Zuhörer und Leser die Anstrengung des eigenen Ich.

Denn alle äußeren Dinge haben ihre Realität aus sich selber. Sollte ich z. B. die Realität des Feuers leugnen, wird mich eine Verbrennung eines Besseren belehren. Wie ist es aber im *Inneren* des Menschen? Wie steht es mit der Erkenntnis des menschlichen Ich, ohne das doch kein Mensch wahrhaft Mensch genannt werden kann? Wie steht es um seinen Kern, der uns seine Menschheit verbürgt?

Fichte selber stand hier auf sicherem Boden. Er trug das unvergessliche Erleben (nicht nur den Gedanken!) in sich: »Ich bin ein Ich.« Sein ganzes weiteres Leben als Privatdozent und später als Rektor in Berlin bis zu seinem Tod im 52. Lebensjahr galt dem Bestreben, alle Menschen zu diesem Erleben zu führen und zu entwickeln, was daraus für die verschiedenen Gebiete der Philosophie folgt. Was er als Hütejunge in die Ferne blickend in seiner Seele empfunden haben mag, bringt er jetzt in bewusste Gedanken.

Die Schwierigkeit, zu diesem Erleben zu kommen, liegt darin, dass ich das Ich nur erkennen kann, wenn ich es selber innerlich schaffe, ja neu hervorbringe. Sich selbst erkennen heißt: sich selbst schaffen. Äußere Beweise reichen nicht in die Region des Ich. Es braucht dazu einen höheren Sinn, einen geistigen Wahrnehmungssinn. Fichte ist Pfadfinder und Entdecker dieses höheren Sinnes, ohne den das »Ich bin« ein leerer Satz bleibt.

So verlangt er von seinen Hörern und Lesern eine innere Tat, seine Philosophie ist die Aufforderung, eine innere Handlung auszuführen.

»›Meine Herren‹, sprach er, ›fassen Sie sich zusammen, gehen Sie in sich ein, es ist hier von keinem Äußern die Rede, sondern lediglich von uns selbst.‹ – Die Zuhörer schienen so aufgefordert, wirklich in sich zu gehen. Einige veränderten die Stellung und richteten sich auf, andere sanken in sich zusammen und schlugen die Augen nieder; offenbar aber erwarteten alle mit großer Spannung, was nun auf diese Aufforderung folgen solle. –

›Meine Herren‹, fuhr darauf Fichte fort, ›denken Sie die Wand‹, – ich sah es, die Zuhörer dachten wirklich die Wand und es schien ihnen allen zu gelingen. – ›Haben Sie die Wand gedacht?‹, fragte Fichte. ›Nun, meine Herren, so denken Sie denjenigen, der die Wand gedacht hat.‹ – Es war seltsam, wie jetzt offenbar eine Verwirrung und Verlegenheit zu entstehen schien.«[28]

In dieser Handlung des Sich-selbst-Erweckens entzündet sich das Licht des Selbstbewusstseins. Nur durch eine eigene selbstschöpferische Tätigkeit kann ich meinem Selbst Realität verschaffen.

Andere Erkenntnisse kann ich von außen empfangen, beim Ich muss ich Schöpfer werden. Der Mensch kann sein Ich nur wahrnehmen und erleben, indem er durch den neuen Sinn sich selber als Schöpfer des Ich anschaut (vergleiche das Gedicht am Anfang des Kapitels, S. 53). Deswegen gehört für Fichte zum Philosophieren Selbstständigkeit – diese aber kann jeder nur sich selber geben.

Eine weitere Schwierigkeit, Fichte zu folgen, liegt darin, dass dieses Sich-selbst-schaffende Ich zunächst ohne jeden Inhalt ist, ohne Gedanken, ohne Weltinhalte. Es ist reines Bewusstsein.

Deswegen spricht Fichte auch vom »absoluten Ich«, d. h. vom Ich, abgelöst, losgelöst von jedem Inhalt. Dieses absolute Ich in seiner Tätigkeit ist in jedem Menschen verborgen, zugedeckt, durch die mannigfaltigen Inhalte unseres Bewusstseins. Komme ich zur Erfahrung des reinen Ich, der reinen Ich-Form, ohne alle Inhalte, habe ich die Ausgangssituation dafür geschaffen, mein Ich in der Folge mit frei gewählten Inhalten zu füllen. In seiner Absolutheit ist das sich selbst wahrnehmende und zugleich her-vorbringende Ich der Berührungspunkt zum Göttlichen »Ich bin«. Mit dem »Ich bin« kann das Göttliche im Menschen zu sprechen beginnen.

URSPRUNG DES GEWISSENS

Es scheint mir kein Zufall zu sein, dass Fichte dieses produktive und sich zugleich wahrnehmende Ich-Erleben angesichts eines offenen Feuers hatte. Die Licht-Flamme offenbart etwas vom Ich-Geheimnis. Sie muss zunächst entzündet werden. Bei Fichte ist deutlich, dass die Widerstände des Lebens die Reibflächen waren, an denen sich sein Ich entzündet hat. Das Wesen einer Flamme ist fortwährendes Neuschaffen: Sie vergeht nach oben und entsteht jeden Augenblick neu.

Bevor Fichte seine Professur in Jena begann, sprach er sein innerstes Anliegen als Philosoph so aus: Er hoffe, es werde ihm gelingen, in den Seelen seiner Hörer solche Flammen zu erwecken, die dazu führen, dass jeder ein Selbstdenker werde. Fichte wollte geistiges Leben wecken, selbst-schöpferisches geistiges Tun. Seine Philosophie ist Philosophie der Freiheit! Jeder Mensch – so Fichte – werde diese Philosophie anders denken müssen, um sie selbst zu denken!

Dieser innere Punkt der Ich-Geburt des Freiheitsursprungs, der Individualität ist für Fichte zugleich der Quell moralischen Handelns. Denn das reine Ich ist frei, *das* zu seinem Inhalt zu machen, was es selber will. Das Ich erfährt Inhalt und Bedeutung von dem, womit es verbunden ist. Das Ich bringt sich im aktiven Tun selbst hervor. Dass es dies tun kann, kann zugleich als Geschenk erlebt werden. In einem solchen Erleben gewinnt das Ich Anteil an dem göttlichen »Ich bin«. Das Wahrnehmen des göttlichen Ich-bin-Willens im eigenen Ich-Erleben aber nennen wir Gewissen. In vielen anderen Sprachen heißt das, was wir »Gewissen« nennen, Mit-Wissen (z. B. griech.: *syn-eidesis*, lat.: *conscientia*, engl.: *conscience*, russ.: *so-vjest'*). In meiner Ich-bin-Tätigkeit berühre ich mich mit dem Ur-Ich-bin. Dieses weiß um mich, mit mir in meiner innersten Tätigkeit. Hier liegt der Ursprung des Mitwissens des Gewissens: Ich weiß um dich!

Schaut man Fichtes Lebenslauf im Ganzen an, so hat ihm das Leben große Widerstände bereitet, Ablehnungen und abgründige Krisen gebracht. Die Entdeckung des Ich als Meister seiner selbst aber hat ihm die Kraft gegeben, die immer neuen Krisen nicht nur zu überwinden, sondern sie sogar fruchtbar zu machen. So wenigstens kann es im Nachhinein erscheinen, wenn die Krise jeweils ausgestanden und schließlich überstanden ist.

Gerade Fichtes Biografie zeigt ein dramatisches Schicksal, aber wenn der Erfolg abbricht, öffnen sich andere Schatzkammern. So schreibt Fichte nach seiner Entlassung als Philosophieprofessor von Berlin aus an seine Frau, die noch in Jena weilt:

>»Dann möchte ich wissen, wo denn nun das große Unglück steckt, das uns betroffen haben soll? Die alberne Denkart, die da glaubt, nur auf der Scholle, auf der man sitzt, glücklich sein zu können?«[29]

Diese tiefe Krise führt Fichte zu einer vertieften Einsicht in die Religion. Er widmet sich nun dem Thema »Die Bestimmung des Menschen«, Bestimmung nicht im Sinne von »Determination«, sondern »Destination«, Ziel, Aufgabe, Sinn. Gerade aus der Umbruchssituation seines Lebens kann er im Rückblick sagen:

> »Ich habe bei der Ausarbeitung meiner gegenwärtigen Schrift einen tieferen Blick in die Religion getan, als noch je. Bei mir geht die Bewegung des Herzens nur aus vollkommener Klarheit hervor ... Glaube mir, dass diese Stimmung an meiner unerschütterlichen Freudigkeit und an der Milde, womit ich die Ungerechtigkeit meiner Gegner ansehe, großen Anteil hat. Ich glaube nicht, dass ich ohne diesen fatalen Streit und ohne die bösen Folgen desselben jemals zu dieser klaren Einsicht und zu dieser Herzensstimmung gekommen wäre.«

Misserfolge nimmt er als Zu-Mutungen, Fehlschläge als Prüfungen. Die Erfahrung des »Ich bin« wird ihm biografisch zum Felsen unerschütterlicher Krisenfestigkeit und Krisenbereitschaft. Seine Religion gründet in keiner äußeren Kirche, sondern in der Begegnung mit dem göttlichen Ich:

> »Darin besteht die Religion, dass man in seiner eignen Person ... mit seinem eigenen geistigen Auge ... Gott unmittelbar anschaue, habe und besitze.«[30]

Diese Äußerung Fichtes aus seiner Schrift über das Johannes-Evangelium bildet einen Schlüssel zu seiner inneren Biografie. Es wirft vielleicht auch ein Licht auf die kuriose Tatsache, dass acht von den zehn Kindern der Familie Fichte »Johannes-Namen« tragen: Johann Gottlieb, Johann Gottfried, Johann Gottlob, Johann Christian Lobegott, Johann Christian, Johann Gottfried (für den verstorbenen Zweitgeborenen) und Johann Christlieb. Etwas »Johanneisches« liegt über dieser Familie, nicht als Anspruch, aber als Auftrag, als Bestimmung.

Dies zeigt sich besonders im Verhältnis Fichtes zu Tod und Sterben, dem Prüfstein jeder Biografie. Schon im Jahr 1800, 14 Jahre bevor er starb, schrieb Fichte über den Tod, dass er selber nur aus dem Blick der anderen sterben werde, also für die Zurückbleibenden, aber nicht für sich selber. Konsequent nannte er, wie die Urchristen, die Todesstunde »die Stunde der Geburt zu einem neuen herrlicherem Leben«.

Für Fichte lag das, was man Himmel nennt, nicht jenseits des Grabes. Für ihn war der einzige Grund dafür, irdisch weiterzuleben, die Sicherheit, dass er das ewige Leben schon längst in Besitz genommen hatte. Denn dies ist um unsere Natur verbreitet, sein Licht geht in jedem reinen Herzen auf. Von daher wird ihm der Tod zu einer »zweiten Belebung«.

Der Philosoph übt schon im Leben den Tod, ringt darum, der Seele die Raupenhülle abzustreifen und ihre Flügel zu entfalten. So erfasst sie noch im Irdischen sich selber in ihrem ewigen göttlichen Sein. Dieses ist individuell, aber zugleich überindividuell, es partizipiert am Menschheitlichen, ist »Bewusstsein unserer Menschheit«:

»Ich soll in mir die Menschheit
in ihrer ganzen Fülle darstellen.«[31]

»NICHT ICH …«

Krisenfestigkeit, Übereinstimmung mit seinem höheren Selbst und die Berührung mit dem Ewigen im Menschheitsgewissen sind die Früchte der Philosophie Fichtes, aber auch die seiner Biografie und seines Charakters. Wenige Jahre vor seinem Tod traf ihn eine schwere gesundheitliche Krise, die viele Monate anhielt: Nerven- und Augenleiden, Lähmungen, Leberentzündung …

Nach überstandener Krankheit erlebten ihn die Menschen verändert. Einer Veröffentlichung aus dem Jahr 1801 hatte er den bezeichnenden Untertitel gegeben: *Sonnenklarer Bericht … ein Versuch, den Leser zum Verstehen zu zwingen.* Seine Kompromisslosigkeit hatte immer zu Streit geführt. Nach seiner Genesung aber erlebte man an ihm – im Gegensatz zu früher – viel Geduld, Ruhe, Milde, Empfänglichkeit für fremde Gesinnungen und Ansichten. Dies schlägt sich auch in seinen Gedanken nieder.

Fichte war Dekan, für einige Zeit sogar Rektor der neu gegründeten Humboldt-Universität in Berlin geworden. Im Herbst 1813 trug er aufs Neue seine grundlegende Philosophie vor. Neue Töne klingen darin an, ohne dass die Grundlage des Ich-Erlebens aufgegeben würde. Im Gegenteil, dieses Erleben wird weiter vertieft.

Die Selbstmächtigkeit des Ich geht durch einen neuen Todesprozess hindurch. Die lange Krankheit mag Fichte zum Bewusstsein gebracht haben, dass es das Schicksal der Endlichkeit ist, dass sie nur durch den Tod zum höheren Leben dringen kann. Denn nur so kann sie sich von der Gewalt des Irdischen befreien.

Fichte erlebte sein Zeitalter als das Zeitalter der vollendeten Selbstsucht. Schon damals! Er sieht für das egozentrische Ich nur die Lösung, die bei einem Philosophen, der seine ganze Welt- und Lebensanschauung auf das Ich gründet, erstaunen mag:

»Das Ich muss gänzlich vernichtet sein.«[32]

Dieser Prozess aber wird zur Grundlage für ein Höheres. Indem der Mensch durch die höchste Freiheit, die Freiheit der Hingabe, seine eigene Freiheit und Selbstständigkeit opfert, wird er des göttlichen Seins inne. Er wird »Dasein und Offenbarung Gottes«. Hier aber kommt es zu einer Auferstehung der Freiheit auf einer neuen Stufe:

»Leben in Gott ist frei sein in ihm.«[33]

Als man den 52-Jährigen auf dem Sterbebett medizinisch versorgen will, lehnt er ab. Seine letzten Worte, mit denen sich diese bewegende Ich-Biografie rundet, lautet: »Ich bedarf keiner Arznei mehr, ich fühle, dass ich genesen bin.«

Nichts ist denn Gott, und Gott ist nichts denn Leben;
Du weißest, ich mit dir weiß im Verein;
Doch wie vermöchte Wissen dazusein,
Wenn es nicht Wissen wär' von Gottes Leben!

»Wie gern, ach! wollt ich diesem hin mich geben,
Allein wo find ich's? Fließt es irgend ein
Ins Wissen, so verwandelt's sich in Schein,
Mit ihm vermischt, mit seiner Hüll umgeben.«

Gar klar die Hülle sich vor dir erhebet,
Dein Ich ist sie: es sterbe, was vernichtbar,
Und fortan lebt nur Gott in deinem Streben.

Durchschaue, was dies Streben überlebet,
So wird die Hülle dir als Hülle sichtbar,
Und unverschleiert siehst du göttlich' Leben!

J. G. Fichte[34]

EIN FUNKE KANN ÜBERSPRINGEN

Wer sich Fichtes Gedankengang öffnen kann, dem wird deutlich, dass seine so abstrakt klingende Wissenschaftslehre geistiges Leben ist. Er spricht aus, was er geistig erlebt und immer neu in sich entzünden kann. Ein Funke kann von ihm überspringen. Ein solches Erleben lässt sich naturgemäß nicht festhalten. Es wird immer wieder vergehen und will neu erstehen. Dadurch bleibt es lebendig und der Mensch bleibt frei. Er kann individuelle Wege gehen und Formen des Übens gestalten, um ein derartiges Erleben zu entzünden. Das kann ihm niemand abnehmen, doch gibt es hilfreiche Gesichtspunkte für den eigenen inneren Weg.

Eine zentrale Hilfe dabei ist der Umgang mit Zeit und Rhythmus. Von der Natur lernen wir, dass Rhythmus alles Leben durchpulst und auch das menschliche Leben in der Zeit ordnend stärkt. Schon ein kleiner zeitlicher Fixpunkt im Tageslauf gibt durch sein strukturierendes Element Kraft, weil das tätige Ich ihn selbst gesetzt hat. Und so lassen sich die unterschiedlichsten Übungen finden, die unsere Lebenskräfte durch regelmäßiges Tun stärken.

Inhaltlich kann die folgende Meditation die Erkraftung des eigenen Ich befördern.

> *Reines Denken ist Sonnenlicht im Lebensnebel.*
> *Reiner Gedanke ist Geist-Erlebnis.*
> *Die Erziehung zum reinen Gedanken ist Anthroposophie.*
> *Die Übung der reinen Gedankenform ist Meditation.*
> *Sie formt am Kräfteleib und enthebt dem Physischen.*
> *Tiefe Zufriedenheit erfüllt neben größter Bescheidenheit*
> *den Geistesschüler.*
> *Sie macht stille – innentätige, seelenruhige Menschen,*
> *Denen Heilen am Herzen liegt.*

Diese Meditation hat die Besonderheit, dass sie – wie Fichte – im reinen Denken ansetzt, von da aber durch das Element der *Übung* (Rhythmus) zu einer allmählichen Selbstverwandlung führt.

Das in besonderer Weise christliche Element in dieser Meditation liegt in seinem Zielpunkt. Die Meditation endet mit dem Aufblick zu dem Menschen-Ideal. Das ist das höchste Ideal, dass der Mensch ein Wesen wird, dem »Heilen am Herzen liegt«, ganz selbstverständlich, in einer neuen christlichen Natürlichkeit. Dieses Ziel ist ein Fernziel, der Weg dahin führt wie bei jeder größeren Wanderung durch immer neue Täler.

6 MENSCHEN-ICH UND STERNEN-ICH
EIN DICHTERISCHER SCHULUNGSWEG

Ein Stern singt:

Schleift nur Gläser, schmiedet Röhren,
Meine Wandlung zu belauern!
Könnt ihr meinen Sang nicht hören,
Bleibt euch nur ein erdhaft Schauern.

Während ich die Wesen ordne,
Stockt mein Puls! Ich muss beginnen,
Alles tief aus mir Gewordne
Still in mir zurückzuspinnen.

Schon zu neuen Klangfiguren
Lagern sich die Grund-Atome;
Meine dumpfsten Kreaturen
Bauen mit am heiligen Dome.

Endlich, ganz und gar durchsichtig,
Liebende kristallne Rose,
Nur noch meiner Seele pflichtig,
Schwing ich mich ums Zeitenlose.

Keiner wird mich künftig sehen,
Der mich nicht wahrhaftig bräuchte.
Vielen muss ich untergehen,
Dass ich wenigen stärker leuchte.

O verlerne die Zeit,
Dass nicht dein Antlitz verkümmere
Und mit dem Antlitz das Herz!
Leg ab deine Namen!
Verhänge die Spiegel!
Weihe dich einer Gefahr!

Wer einem Wink folgt im Sein,
Vieles zu Einem erbaut,
Stündlich prägt ihn der Stern.
Und nach glühenden Jahren,
Wenn wir irdisch erblinden,
Reift eine größre Natur.

Hans Carossa[35]

Hans Carossa (1878–1956) war Arzt und Dichter. Für sein imaginatives und inspiratives Erkennen wird die Sinneswelt zum Tor für geistiges Licht und übersinnliche Offenbarungen, die in dem obigen Gedicht ausgesprochen werden. Es umfasst zwei Teile. Den ersten Teil könnte man »kosmisches Präludium« nennen. Der zweite Teil stellt einen ernst-dramatischen Aufruf an jeden einzelnen Menschen dar, seinen Stern wieder zu entdecken und das Leben aus ihm zu gestalten.

KOSMISCHES PRÄLUDIUM

Das Gedicht schildert zunächst, dass die schöpferische Sternenwelt in Äonen unseren Kosmos aus ihrem Inneren erschaffen hat. Unser Blick wird von der sinnlichen Erscheinung der äu-

ßeren Sterne auf ein Inneres gelenkt, das sich im *Sternen-Sang*
ausspricht. Aus ihm tönt, was »über den Sinnen«, was über-sinn-
lich ist.

Der Stern will uns zu sich erheben, uns emporreißen. Ge-
schliffene Gläser und Röhren reichen nicht an die wahre Wirklichkeit der Sternenwelt heran.

Schleift nur Gläser, schmiedet Röhren,
Meine Wandlung zu belauern!
Könnt ihr meinen Sang nicht hören,
Bleibt euch nur ein erdhaft Schauern.

Der »Stern« repräsentiert hier die schöpferische geistig-göttli-
che Welt, aus der unsere gesamte Schöpfung hervorgegangen ist.
Im Stern schaut uns Himmelslicht an, so erzählt eine alte nor-
wegische Legende über die Entstehung der Sterne. Gott Vater
habe im Himmel zur Winterzeit seinen Rundgang gemacht und
stieß mit seinem großen Stab bei jedem Schritt kräftig in das
Eis. So entstanden überall kleine Öffnungen, durch die seither
das Sternenlicht zu uns herabscheint. Ohne dass wir uns zu einem solchen Sternenleben erheben, bleibt uns nur ein »erdhaft
Schauen«. Ohne dass wir unser geistiges Hören erwecken für
den Sternengesang, bleiben wir an das Irdische gefesselt.

Der Physiker und Philosoph Carl Friedrich von Weizsäcker
(1912–2007) erzählt, wie er als junger Mensch in seiner Seele
eine große Spannung, einen inneren Konflikt erlebte. Unter der
Pracht des Sternenhimmels im Hochgebirge stehend, kann er
alles, was er sieht, astrophysikalisch beschreiben und erklären.
Andererseits empfindet er in seiner Seele tiefstes Staunen, größte Bewunderung für die Himmelserscheinungen: Er schweigt

und ist von tiefem Glück erfüllt. Aber dann meldet sich wieder der entzaubernde Verstand: »Das ist doch nur ...« – und aller Zauber ist verschwunden. So geht es in ihm hin und her. Diese Erfahrung wird ihm zur Lebensfrage: »Ist nicht beides wahr? Wie lässt es sich zusammen schauen, auf höherer Ebene vereinigen?«

Hans Carossa scheint dies gelungen zu sein. Er hat den Arzt mit dem Dichter in Einklang gebracht und höhere Stufen des Erkennens erreicht. Für ein solches imaginatives und inspiriertes Erkennen wird die Sinneswelt zum Tor für geistiges Licht und geistiges Klingen, für Offenbarungen, die in den folgenden Strophen ausgesprochen werden:

Während ich die Wesen ordne,
Stockt mein Puls! Ich muss beginnen,
Alles tief aus mir Gewordne
Still in mir zurückzuspinnen.

Die schöpferische Sternenwelt hat in Äonen unseren Kosmos aus ihrem Inneren erschaffen. Nun stockt ihr der Puls! Was sie aus sich herausgesetzt hat, beginnt sie nun wieder in sich hereinzunehmen, in sich – wie Carossa sagt – »zurückzuspinnen«, um neues Werden vorzubereiten.

Schon zu neuen Klangfiguren
Lagern sich die Grund-Atome;
Meine dumpfsten Kreaturen
Bauen mit am heiligen Dome.

Alle können mitbauen am »heiligen Dom« der Zukunft. Doch müssen unsere Bausteine so beschaffen sein, dass sie sich in die neue Welt einfügen: durchsichtig, kristallin, dem Zeitlichen enthoben. Wen erinnert die Stimmung dieser Zeilen nicht an das kristalline »Neue Jerusalem«?!

Zu den schönsten Erinnerungen aus dem Physikunterricht kann das Erlebnis der *klassischen Klangfiguren* gehören. Der Physiker Ernst Chladni (1756–1827) hat sie als Erster entdeckt, deshalb wurden sie nach ihm benannt. Er strich eine Platte, auf der sich Eisenfeilspäne befanden, mit einem Geigenbogen an, und es entstanden durch den Klang die schönsten Figuren: Klang-Figuren.

Zufall? Oder ein Blick in die Schöpfungswerkstatt? Ist unsere Welt geronnene Musik? Kann man den Urschöpfungsvorgang hier andeutungsweise mit den Augen sehen? Die neuen Klangfiguren der Zukunft – so fährt der Sternensang fort – werden sich einst zu neuen Welten fügen, immer durchsichtiger, immer kristalliner dem Zeitlichen enthoben.

Endlich, ganz und gar durchsichtig,
Liebende kristallne Rose,
Nur noch meiner Seele pflichtig,
Schwing ich mich ums Zeitenlose.

Vom Erwecken des eigenen Beitrags zum Werden der Welt handelt der Fortgang des Sternengesanges. Der zweite Teil schildert den Weg dahin in poetischen Worten. Wir werden Zeuge einer Begegnung von Menschen-Ich und Sternen-Ich.

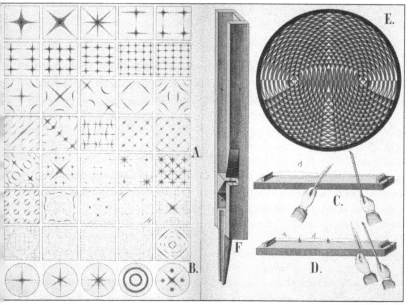

Klangfiguren nach Ernst Chladni.

WEIHE DICH EINER GEFAHR

In welche Räume, Hör-Räume, werden wir jetzt geführt? Anhalten, innehalten, die Zeit vergessen, den Strom der Zeit zu einem Gefäß werden lassen für die Fülle des Seins. Viel hängt davon ab, ob wir uns in der Zeit dem Ewigen öffnen, sonst leiden *Antlitz und Herz.*

Antlitz. Ein Wort hell strahlend wie ein Blitz. Im Antlitz erscheint unser Inneres und im Antlitz ist das Auge, das tief blicken lässt. »Das Auge ist der Leuchter deines Leibes. Ist nun dein Auge gleichmäßig klar, so wird dein ganzer Leib durchlichtet sein« (Mt 6,22).

Herz. Wir sind heute erst am Anfang, unser Herz als aktives Organ zu begreifen. Wie alle Muskeln, die wir bewusst aktivieren können, hat auch das Herz quergestreifte Muskeln. Und unsere Sprache lehrt uns zu begreifen, dass wir uns wirklich, wenn von uns Mut erfordert wird, »ein Herz fassen« können; zu begreifen, wie wahr es ist, dass wir uns etwas »zu Herzen nehmen« können. Schließlich kann unser Herz auch *für* etwas, für eine »Herzenssache« schlagen und brennen. Wir können uns liebevoll und mit Hingabe einer Sache zuwenden und widmen, bis sie uns »ans Herz wächst«, auf dass das Herz nicht verkümmere!

O verlerne die Zeit,
Dass nicht dein Antlitz verkümmere
Und mit dem Antlitz das Herz!

Zu einem weiteren Schritt werden wir aufgefordert: Loslassen! Stellen wir uns einen Einsiedler vor: ohne Ansprache, ohne Zuspruch, ganz auf sich gestellt. Ein Namenloser. Seinen Namen abzulegen, ist eine Sterbeübung mitten im Leben. Das Unsterbliche tritt hervor.

In der Sprache der Märchen führt der Weg weiter vom »Spieglein, Spieglein an der Wand« zur Goldmarie, die tut, was die Welt braucht, und weiter zum namenlosen Mädchen im Sterntaler, das sein letztes Hemd hingibt: Es »weiß nicht mehr ein noch aus«. Es wagt sich ins Ungewisse, als kenne es den Fortgang des Gedichtes:

Leg ab deine Namen!
Verhänge die Spiegel!
Weihe dich einer Gefahr!

»Das Sterntaler-Experiment« nennt Heidemarie Schwermer ihre Erfahrungen nach dem radikalen Entschluss, ihr Leben *ohne Geld* zu leben.[36] Seit 1996 »bezahlt« sie, wo es erforderlich ist, mit ihren Fähigkeiten (Beratung, Haus-Hüten, hauswirtschaftliche Hilfe …). Sie betrachtet ihr Leben als Experiment und versteht sich nicht als *Aussteigerin*, sondern als *Einsteigerin* in eine neue Lebensform, ein neues soziales Miteinander, um Einsamkeit, Isolation und mentale Gefängnisse zu überwinden. Ihr Erfahrungsbericht legt Zeugnis davon ab, wie sie auf ihre Weise sich »einer Gefahr geweiht« hat.

»Wo aber Gefahr ist, wächst das Rettende auch«, heißt es in Friedrich Hölderlins Gedicht »Patmos«, geschrieben vor über 200 Jahren.

Carossa geht noch einen Schritt weiter. Für ihn ist der Schritt in die Gefahr, heraus aus Konvention, Rolle und Absicherung, die *einzige Rettung*! Rettung in dem Sinne, dass wir wieder zu unserem höheren Selbst finden, unserem eigentlichen Wesen. Wir sollen das Gefährliche, die Gefahr nicht scheuen, ja wir sollen uns ihr sogar weihen!

Neue Wege zu gehen, erfordert Aufmerksamkeit, aber es übt und steigert sie zugleich. Die Aufmerksamkeit ist eine Grundkraft der Seele. Wir erleben heute das Schwinden seelenvoller Aufmerksamkeit und gesammelter Präsenz.[37]

Es geht in Carossas Gedicht um die *Grundaufmerksamkeit* der Seele gegenüber unserem Leben, unserem Schicksal: Bemerke ich nicht nur, *was* mir begegnet, sondern *dass* es mir begegnet, dass es mir *jetzt* begegnet? Was fragt mich das? Kann ich es mit mir in einen fruchtbaren Zusammenhang bringen?

Aus der Ruhe heraus kann ich bemerken, wie Dinge *zusammenkommen*. Wir sprechen von *Sternkonstellationen,* aber auch von *Schicksalskonstellationen.* Gelingt es uns, in Krisensituationen durchzuhalten, ergeben sich oft überraschende Licht-Blicke. Wer solches Licht einmal erfahren oder es am Schicksal anderer Biografien miterlebt hat, in dem wächst Vertrauen in die guten Mächte des Daseins. Sie schaffen Hilfen durch Konstellationen, durch Lebenswinke. Diese kann ich bemerken und ihnen in Freiheit folgen.

Wer einem Wink folgt im Sein,
Vieles zu Einem erbaut,
Stündlich prägt ihn der Stern.

Die stille, intensive Aufmerksamkeit unserer Seele, ihre gesammelte Präsenz wird zum inneren Kompass, die Zeichen für *meinen* Weg zu finden. Es kommen Zeiten, da scheint der Stern verloren, ein Gefühl von Aussichtslosigkeit stellt sich ein. Aber haben wir nicht alle schon im Rückblick anders auf solche Erfahrungen geschaut? Etwa in dem Sinne: Es war eine schwere Zeit, ich wüsste nicht, ob ich sie ein zweites Mal durchstehen könnte, aber das Erlebnis hat mich weitergebracht! Ich lerne, meinem Stern die Treue zu halten, auch wenn der Himmel verschlossen zu sein scheint.

Unter der Prägung des eigenen Sterns zu leben, leuchtet als das Ziel jeder inneren Biografie auf.

Im Prinzip kann jede Stunde zu einer solchen Stern-Stunde werden. Wo Aufmerksamkeit und Geistesgegenwart leben, wo Achtung erzeugt wird, kann sich der Himmel öffnen. Solche Zeiten – ob kurz oder lang – sind *Gnade*, aber auch *Arbeit*. Im Gespräch mit unserem Sternen-Ich reift in uns unser wahres Wesen, das wir noch nicht sind, aber immerzu werden.

Und nach glühenden Jahren,
Wenn wir irdisch erblinden,
Reift eine größere Natur.

Carossa hat uns einen großen Weg geführt. Zuerst hinauf zu den Sternen. Deren Gesang kündet uns vom heiligen Dom der Zukunft, der in ihrem Schoße entstehen will. Die Menschheit ist die Bauhütte. Das Menschen-Ich kann lernen, sein Erdenleben durch sein höheres Wesen zu führen, dann reift »eine größere Natur«.

7 TREUE ZU SICH SELBER

»*Ich bin ein Ich.*« Dieser Ausruf fasst das Erlebnis der inneren Geburt in Worte, wie wir es anhand der angeführten Schilderungen von Jaques Lusseyran, Jean Paul u. a. im ersten Kapitel angeschaut haben. Dieser Auftakt zur inneren Biografie ist ein tief einprägsames Geschehen, das dem Bewusstsein wieder entschwindet, aber nicht verlorengeht. Oft tritt es in entscheidenden Momenten des späteren Lebens wieder hervor und gewinnt erneut an Bedeutung: »Ich bin ein Ich.«

STERBEN – EINE REIFEPRÜFUNG

Im Zugehen auf den Tod schwingt dieses Erleben des eigenen Ich in den Fragen und Bedürfnissen vieler Menschen mit. Wenn das Leben sich vollendet, tritt oft eine Lebensrückschau ein: Wie war mein Leben? Was ist aus meinen Idealen geworden? Welches waren die wirklich bedeutenden Ereignisse in meinem Leben?

Die Australierin Bronnie Ware, die viele Jahre als freiberufliche Sterbebegleiterin gearbeitet hat, schildert in ihrem Buch, dass am Ende des Lebens sich besonders zwei Bedürfnisse einstellen: der Wunsch, eine Lebensbilanz zu ziehen, und der starke Wunsch nach Versöhnung.[38] Es entsteht der Eindruck, dass im Herannahen des Todes Vergangenheit *und* Zukunft vom sterbenden Menschen ins Auge gefasst werden.

Aus ihrer Erfahrung berichtet Bronnie Ware von fünf hauptsächlichen »Bedauernissen« (*regrets*), die in der Lebensbilanz vieler Menschen auftraten. Die vorherrschende und eindrücklichste Erkenntnis war dabei: »Ich war mir selber nicht treu!«

Das alltägliche Ich tritt in Beziehung zu dem allwesentlichen Ich und erlebt den nicht gegangenen Weg:

– Ich habe das Leben gelebt, das von mir erwartet wurde.
– Ich hatte nicht den Mut, das zu tun, was ich wirklich wollte, gegen den Widerstand meiner Umwelt.
– Ich habe eigentlich das Leben eines anderen gelebt …

So oder ähnlich fielen die Bekenntnisse aus.

Wahrhaftig zu sein gegenüber den ureigensten Intentionen, das scheint von vielen Menschen als innerer Auftrag erlebt zu werden! Die anderen Dinge, die sterbende Menschen häufig bereuen, stehen auch in diesem Zusammenhang, sind Facetten davon:

– Ich habe viel zu hart gearbeitet, und jetzt bin ich einsam.
– Ich hatte nicht den Mut, meine wirklichen Gefühle zum Ausdruck zu bringen.
– Ich habe nicht genug Zeit mit den Menschen verbracht, die ich geliebt habe.
– Ich wünschte, ich hätte mir gestattet, glücklicher zu sein …

FRAGEN AN UNS SELBER

Die Schilderungen, die Bronnie Ware von den Lebensbilanzen gibt, die Sterbende mit ihr geteilt haben, erlebt sie dankbar als Geschenk. Sie darf teilhaben an einer Perspektive, die man gewöhnlich mitten im Leben noch nicht hat, an der Frage: Wie war mein Leben? So erlebt sie jedes Haus, das sie neu betritt, um einem Sterbenden beizustehen, wie ein neues »Klassenzimmer« und jedes neue Schicksal wie eine »Lektion« für sich selber: Bin *ich* mir selber treu?

Ein Mensch, der sich in besonderem Maße ein Leben lang auf dem Weg befunden hat, war der UN-Generalsekretär Dag Hammarskjöld (1905–1961). Sein posthum veröffentlichtes Tagebuch *Zeichen am Weg* gibt Zeugnis davon, wie er sich den immer neuen Aufgaben seines politischen und seines privaten Lebens gestellt hat. Beeindruckend ist ein Eintrag aus dem Jahr 1950, der wie kaum ein anderer zeigt, wie sehr Hammarskjöld bestrebt war, sich selbst treu zu sein und zu bleiben, sich eben nicht zu verlieren in den alltäglichen An- und Herausforderungen des Lebens, nicht dem »Lockruf« zu folgen. Für ihn bedeutete dies, die »Reise nach innen« anzutreten.

> Die längste Reise
> ist die Reise nach innen.
> Wer sein Los gewählt hat,
> wer die Fahrt begann
> zu seiner eigenen Tiefe
> (gibt es denn Tiefe?) –
> noch unter euch,
> ist er außerhalb der Gemeinschaft,
> abgesondert in eurem Gefühl
> gleich einem Sterbenden
> oder wie einer, den der nahende Abschied
> vorzeitig weiht
> zu jeglicher Menschen endlicher Einsamkeit.

Zwischen euch und jenem ist Abstand,
ist Unsicherheit –
Rücksicht.

Selber wird er euch sehen
abgerückt, ferner,
immer schwächer eures Lockrufs
Stimme hören.[39]

Es gibt in der Literatur und nicht zuletzt in der Bibel zahlreiche Beispiele von Menschen, die nach einem Irrweg »zu sich« zurückkehren. Der »verlorene Sohn« aus dem Lukas-Evangelium (Lk 15,11–32) kann als Bild für den Menschen stehen, der seinen Weg verloren hat, seinem »Stern« nicht treu geblieben ist. Und doch: Seine heillose Lebensführung bringt ihn in tiefste Not, und er findet die Kraft und den Mut zur Umkehr. Er erwacht sozusagen zu sich selber, besinnt sich auf sein Vaterhaus und kehrt heim. Das löst dort übergroße Freude aus.

»Wir wollen ein Freudenmahl halten, denn dieser mein Sohn war tot und ist wieder lebendig geworden, er war verloren und ist wiedergefunden.«

Ihre Erfahrungen an der Seite sterbender Menschen führen Bronnie Ware zu tiefen eigenen Transformationsprozessen, zu schmerzvollen, aber befreienden inneren Todeserlebnissen, die ihr Neuanfänge ermöglichen, ja zu einer »Neugeburt« ihrer selbst führten. Dadurch wirkt sie auf ihre Mitmenschen authentisch. Denn sie ist im gleichen Ringen wie sie begriffen.

VON DER WICHTIGKEIT DES GESPRÄCHS

Bronnie Ware bildete im Laufe ihrer Tätigkeit viele Fähigkeiten aus, von denen hier besonders die Qualität ihres Zuhörens in Betracht gezogen werden soll. Denn zunächst mag ein äußerer Anlass im Gespräch im Vordergrund stehen, doch ob weitere Vertiefung im Gespräch gelingt und Frucht bringt, hängt stark von der Fähigkeit des Zuhörens des Gesprächspartners ab.

Schon ein *Selbstgespräch* bedarf der inneren Ruhe und der Zeit. Bei der Betrachtung der eigenen Lebenssituation ist es immer eine Herausforderung, einen gesunden Abstand zu sich selbst herzustellen, als wäre ich ein Fremder. Nur so kann es gelingen, die zwischen *Milde und Strenge* schwingende Mitte zu finden und Extreme zu vermeiden.

Oft suchen wir heute in Lebenskrisen und anstehenden Entscheidungen Hilfe im *Gespräch mit Freunden*. Ich lasse einen Blick von außen auf mich zu. Vertrauen und Verständnis bilden einen schützenden Raum. Doch auch in dieser verständnisvollen Situation bedarf es auf beiden Seiten einer objektivierenden inneren Haltung, die Übung und Mut erfordert. Es scheint, dass ein solcher »Liebesdienst« heute zwischen Menschen immer wichtiger wird und wir uns alle aufgefordert fühlen dürfen, die entsprechenden Fähigkeiten zu erüben. Dazu gehören die Aspekte:

- Offenheit,
- Vorurteilslosigkeit,
- ahnendes Tasten im Hören,
- Verschwiegenheit,
- Zuneigung und Distanz,

- Unbestechlichkeit,
- Gefühl für Maß und Grenze,
- Ernst und Leichte.

In der Entwicklung solcher Fähigkeiten kann eine Qualität entstehen, die für das Gegenüber von großer Wichtigkeit ist. Ich kann auf diese Weise helfen, wie ein älterer Mensch mit einer größeren Lebenserfahrung hilfreich sein kann. Unser Wort Priester geht auf das griechische *presbýteros,* »Ältester«, zurück. Auf diese Weise wächst das allgemeine Priestertum jedes Menschen.

DAS BEISPIEL DER BEICHTE

Die Beichte ist durch die institutionelle kirchliche Praxis von der Vergangenheit her stark belastet: Beichtspiegel, Beichtzwang, auferlegte Bußen haben oftmals den Menschen nicht geholfen, sondern ihre Schuldgefühle verstärkt oder sogar hervorgerufen und unheilvolle Abhängigkeiten geschaffen. Die Beichte wurde zum Machtmittel der Kirche, statt zum Heilmittel der Menschen. In der Zukunft kann das Beichtgespräch wieder aus dem Schatten der Kirche heraustreten.

Die Sakramente der Christengemeinschaft umfassen auch eine erneuerte Beichte. Das Beichtgespräch in Verbindung mit dem Abendmahl (Kommunion) ist ein Gesprächssakrament. Es vollzieht sich aus Freiheit. Es gibt in der Christengemeinschaft keinerlei Beichtzwang, der Priester wird aus freiem Entschluss um das Beichtgespräch gebeten.

Von Seiten des Priesters ist es die Aufgabe, die Gesprächskunst zu üben, ein gutes Gesprächsumfeld zu schaffen, zunächst wahrnehmend zu hören, auf »Weisheiten« und »Ratschläge« zu verzichten. Stattdessen ist es seine Aufgabe, auf das zu lauschen, was das höhere Ich des anderen spricht, und dem nach Möglichkeit Raum und Wort zu geben. Die Erfahrung zeigt: Wenn es beiden Gesprächspartnern gelingt, Ratlosigkeit und Ohnmacht nicht zu scheuen, sondern ihnen Raum zu geben und sie zu ertragen, kann ein höherer »Ertrag« wie ein Geschenk hereinkommen: Schwäche wandelt sich in stille Kraft; aus Bedrängnissen öffnen sich neue Blickwinkel, neue Wege.

Das Wort *Beichte* geht auf das althochdeutsche Wort »*jehan*« zurück, was »sprechen, bekennen, bejahen« bedeutet. Der Geist der Bejahung durchzieht das Gesprächssakrament: Finden wir ein Ja zu unserem *ganzen* Wesen, auch zu unseren Schwächen? Können wir unser Schicksal bejahen? Können wir anderen beistehen, zur Bejahung ihres Schicksals zu finden? Oder auch: Können wir das Ja zu einem Entschluss in uns finden, der uns in Neuland führt?

Das Gespräch mündet in das Sakrament, d. h. in einen kurzen Wortlaut, aus dem die allertiefste Bejahung jeder Menschenseele durch den Menschensohn spricht: »Lerne …« Ein Zukunftswort, eine immer neue Taufe unseres Lebens. Der Blick auf die Wahrheit meiner Vergangenheit und das Bemühen um die Treue zu mir selber in der Zukunft sind Aufgabe und Erfüllung unserer inneren Biografie. Dazu kann das Beichtgespräch eine Hilfe sein.

Es wird ahnbar, wie real – wenn auch unseren äußeren Augen verborgen – das Wort ist:

»Wo zwei oder drei in meinem Namen beisammen sind, bin ich mitten unter ihnen.«

8 URBILDER DER INNEREN BIOGRAFIE

Im Laufe der Geschichte ragen immer wieder einzelne Menschen heraus, indem sie in ihrer Seele urbildlich zum Erscheinen bringen, was allgemein-menschlich veranlagt ist und Gültigkeit hat. Urbilder können uns helfen, unsere innere Biografie und die damit verbundenen Schicksalsaufgaben zu erschließen.

Die großen Gestalten in der Frühgeschichte Israels kann man auch unter dem Aspekt der Urbilder betrachten. Die göttliche Stimme sprach zu einzelnen Menschen, und der Gerufene antwortete schicksalsbereit: »Herr, hier bin ich!« So verschieden im Einzelnen die dann folgenden Aufträge sind, sie verlangen immer den Aufbruch in ein ungewisses Neuland: »Gehe hin in ein Land, das ich dir zeigen werde!« Das Sichere, das Gewohnte und Gegebene muss losgelassen werden, damit sich neue Impulse Bahn brechen können. In der Befreiung aus dem Gewordenen gebiert sich der Wille zur Zukunft.

DIE HIMMELSLEITER

Eine bedeutende Gestalt aus der Frühgeschichte Israels spricht uns auch heute noch unmittelbar an: Jakob. Obwohl Jahrtausende zurückliegend, sind seine Erfahrungen auch für uns noch aktuell. Es sind besonders zwei Nachterlebnisse, die in unserem Zusammenhang Urbildcharakter haben: der Traum von der Himmelsleiter und der Kampf mit dem Engel (Gen 28,10–20).[40]

Jakob zieht von Kanaan nach Mesopotamien. Als die Sonne untergegangen ist, sucht er sich einen Nachtplatz. Zu seinen Häupten legt er einen Stein. In der Nacht sieht er im Traum eine Leiter vom Himmel bis auf die Erde herabreichen. Die Engel Gottes steigen daran auf und nieder. Oben taucht das göttliche Antlitz selber auf, und Jakob empfängt den göttlichen Segen:

>Und siehe, ich bin mit dir und will dich behüten, wohin du ziehst.« (Gen 28,15)

Als Jakob erwacht, ist ihm der Traum noch gegenwärtig. Er errichtet an diesem Ort ein Heiligtum und nennt es Bethel, d. h. Haus Gottes. Die Verbindung von Himmel und Erde erscheint hier in dem Bild der Himmelsleiter, das Christus selbst später wieder aufgreift. Als er Nathanael, dem Eingeweihten Israels, begegnet, eröffnet Christus ihm und den anderen Jüngern:

>Ihr werdet den Himmel offen sehen und die Engel Gottes hinauf- und herabfahren über dem Menschensohn.«
(Joh 1,51)

Was Jakob im Traum widerfuhr, soll der Mensch in Zukunft mit wachem Bewusstsein wahrnehmen: In Jesus Christus ist der Himmel auf die Erde gekommen. Er ist das Urbild des Menschen, der neue Adam. Über ihm, wo immer er ist, reißen die Himmel auf, bilden sich Schneisen, erscheinen geistige Himmelsleitern.

Jakobs Traum von der Himmelsleiter.
Kupferstich nach Matthäus Merian d. Ä. (1539–1650).

AUF DEN HINDERNISSEN ERSCHEINEN DIE ENGEL

Gestärkt in seinem Gottvertrauen, zieht Jakob weiter.[41] Er kommt an den Fluss Jabbok. Dort schickt er seine ganze Sippe mit den Herden voraus über den Fluss und bleibt in der Nacht allein zurück. Wachend ringt er mit einem Fremden. Er kann dem Unbekannten standhalten, und als dieser am Morgen den Kampf beenden will, lässt Jakob ihn nicht ziehen:

»Ich lasse dich nicht, du segnest mich denn.« (Gen 32,27)

Als Segen empfängt Jakob den Namen Israel, »Gotteskämpfer«, er wird zum Träger des Volksnamens! Im Rückblick versteht er sein nächtliches Ringen als Gottesbegegnung! Denn:

»… ich habe Gott von Angesicht gesehen …« (Gen 32,31)

Das Schicksal konfrontiert uns oft mit Hindernissen, Schwierigkeiten, Bedrohungen, und so kann uns die Jakob-Geschichte ermutigen: Gib nicht auf! Kämpfe dich durch, bis dir ein Segen für das weitere Leben daraus erwächst. Viel später mag sich dann erst zeigen und als wahr erweisen: »Auf den Hindernissen erscheinen die Engel.«

»IHR MÜSST VON NEUEM GEBOREN WERDEN!«

Im Neuen Testament zeigt uns die Gestalt des Nikodemus einen weiteren Vorgang in der Menschenseele, der für die innere Bio-

grafie des Menschen zentrale Bedeutung hat.[42] Und wieder ist es
die Sphäre der Nacht, die das Ereignis ermöglicht. Dem Nikodemus, einer führenden Persönlichkeit im damaligen Israel, war
deutlich geworden: Hier ist einer, der spricht und handelt aus
geistiger Vollmacht, aus der Verbundenheit mit der göttlichen
Welt. Die göttliche Welt selber spricht aus ihm, handelt durch
ihn, während dem Volk Israel die göttliche Stimme verstummt
war. Nikodemus kommt mit einer ihn bedrängenden Frage zu
Christus: Was muss der Mensch tun, um wieder mit dem Göttlichen in Berührung zu kommen?

Lautet unsere Frage nicht ähnlich? Was muss ich tun, um die
Verbindung zu meinem höheren Ich nicht zu verlieren, oder sie
neu zu finden? Christus antwortet ihm:

>>Ja, ich sage dir: Wer nicht aus Weltenhöhen neu geboren
wird, kann nicht das Reich Gottes schauen.<< (Joh 3,3)

>>Ja, ich sage es dir: Wer nicht die Neugeburt erfährt aus
des Wassers Bildekraft und aus dem wehenden Hauch des
Geistes, kann keinen Zugang finden zum Reiche Gottes …
Ihr müsst aus dem Höheren neu geboren werden.<<
(Joh 3,5 u. 7)

Nikodemus verstummt. Er hat begriffen. Fortan wird er ein
Jünger Christi, aber im Verborgenen. Es bleibt offen, ob er die
Taufe empfangen hat. Diese war im Urchristentum ein Einwei-
hungsakt, durch den das höhere, mit Christus verbundene Ich
hereingerufen und dem Erdenmenschen einverleibt wurde. In
der >>Christ-Gemeinschaft<< konnte der Getaufte sich selber finden. Die Taufe war Neugeburt, zweite Geburt des Menschen.
In Nikodemus leuchtet uns urbildlich die Sehnsucht nach der

Verbindung mit der geistigen Welt entgegen, die er durch seine innere Neugeburt findet.

STIRB UND WERDE

Das Motiv der inneren Neugeburt taucht radikalisiert bei Lazarus auf. In der Mitte des Johannesevangeliums, im 11. Kapitel, tritt uns die Gestalt des Lazarus entgegen. Er ist identisch mit dem reichen Jüngling, der nach dem überzeitlichen Leben fragt (Lk 18,18–27). Dieser sieht sich konfrontiert mit der Frage: Bist du bereit, alles hinzugeben, auf alles Äußere zu verzichten? Worauf willst du dich in Zukunft gründen? Auf das, was du *hast* an innerem und äußerem Besitz, oder auf das, was du *bist*, was in deiner Seele keimhaft veranlagt ist und auf weitere Entwicklung durch dich wartet? Haben oder Sein – diese Frage steht im Zentrum des Lazarus-Schicksals.[43]

Lazarus dient mit seinem Schicksal der Offenbarung Gottes. Er wird krank. Aber diese Krankheit führt ihn durch den Tod zur inneren Auferstehung. Indem Lazarus stirbt, wird in ihm der Jünger geboren, »den der Herr lieb hatte«. Wir werden Zeuge eines großen, urbildlichen »Stirb und Werde«[44], der Geburt des wahren Selbst durch den Prozess eines Sterbens hindurch. In der Gestalt des Lazarus erscheint das Urbild der ringenden Seele jedes Menschen.

Was gebiert sich aus diesem »Stirb und Werde«? Aus der Ohnmacht wird eine neue unbekannte Macht, die Empfindung: Durch die Christusnähe ist der Mensch stärker als alles, was ihn von außen bedroht, ja sogar nach seinem Leben trachtet. Sieghafte Stimmung lebt in der Seele auf, durchdringt sie und breitet sich aus: Dass ich bin, kann mir niemand mehr rauben.

Für die vorchristliche Zeit ist der Tod der Feind des Menschen. Durch Christus verliert der Tod seinen Stachel, er kann sogar zu einem Geburtshelfer werden. Gerade die großen und kleinen Tode, die wir durchleiden müssen, fordern uns in unserer Ich-Kraft und bedeuten einen Zugewinn an Stärke.

Diese wenigen Beispiele aus dem Alten und Neuen Testament zeigen uns die Nähe der göttlichen Welt. Das sich allgemein über die Zeiten hin und in jedem Lebensgang erneut entwickelnde Ich des Menschen ist in Begleitung. Es gilt, ein Organ für diese Gegenwart auszubilden, denn sie dauert fort.

Moses musste auf den Berg hinaufsteigen, um den neuen Gottesnamen zu erfragen: »Ich bin der Ich bin«. In Jesus Christus steigt das Gottes-Ich herab und wird eins mit dem Menschen-Ich:

»Fürchtet euch nicht, Ich bin!« (Mk 6)

Wie oft sagen wir täglich »Ich bin …« Darin klingt das höhere »Ich bin« mit. Indem uns das ahnend bewusst wird, dürfen wir uns als Werdende verstehen, im Werden auf dem Weg zu unserem wahren Wesen.

9 »ICH BIN DER STERNENWANDERER«

Die Menschheit besitzt als einen Schatz die künstlerischen »Früchte«, die aus ihren Taten und Leiden geschaffen wurden, das Gold einer inneren Umschmelze. Zahllos sind die Werke der Dichter und Schriftsteller, die in ihrer Kunst von der geistigen Dimension des Menschen zeugen. Im 20. Jahrhundert ist in diesem Bereich eine »Lazarenische Literatur« (Jean Cayrol, 1911–2005) neu hinzugekommen, in der Lazarus nicht als historische Gestalt, sondern als gegenwärtig erlebt wird: »Lazarus unter uns.«

LAZARUS IM WERK DOSTOJEWSKIS

Der berühmte Schriftsteller Fjodor Michailowitsch Dostojewski gehörte als junger Mensch einer revolutionären politischen Vereinigung an. Deren Ziel war es unter anderem, für die Abschaffung der Leibeigenschaft in Russland zu kämpfen, die erst 1861 aufgehoben wurde. Wegen der Zugehörigkeit zu dieser verbotenen Vereinigung wurde der Dichter verhaftet und zum Tode verurteilt. Am 22. Dezember 1849 wurde für ihn und 14 Mitverurteilte in St. Petersburg eine furchtbare Scheinhinrichtung inszeniert. In Todesangst durchlitten die Verurteilten ihr nahendes Ende. Erst im letzten Augenblick kam die Nachricht von der Begnadigung. Dostojewski wird zu vier Jahren Festungshaft verurteilt.

Am Abend desselben Tages schreibt er einen bewegenden Brief an seinen Bruder. Die für unseren Zusammenhang entscheidenden Gedanken zeigen, wie Dostojewski das Leben als neu geschenkt erlebt und was er sich für die Zukunft schwört. Die Begnadigung wird ihm zur inneren Erweckung:

>Ich blicke zurück auf die Vergangenheit und denke an die verlorene Zeit, die dahingegangen ist in Irrungen und Verfehlungen, Trägheit, Unkenntnis des Lebens; warum habe ich den Wert des Lebens nicht besser erkannt, wie oft habe ich mich an meinem Herzen und meiner Seele vergangen!! Mein Herz blutet. Das Leben ist ein Geschenk, das Leben ist ein Glück, jede Minute kann zur Ewigkeit des Glückes werden … Nun gestaltet sich mein Leben neu, es wurde neu geboren in neuer Form. Bruder! Ich schwöre dir, dass ich die Hoffnung nicht aufgeben werde, dass mein Herz und meine Sinne rein bleiben werden. Ich werde zum Besseren wieder geboren … Das Leben ist in uns selbst, nicht außer uns.«[45]

Viele Jahre später, 1866, spielt die Lazarus-Geschichte eine entscheidende Rolle in dem Roman *Schuld und Sühne*.[46] Rodion Raskolnikoff, die zentrale Figur des Romans, der zweifache Mörder, kommt zu einer Prostituierten und sieht bei ihr das Neue Testament liegen. Beim Anblick dieses Buches durchfährt es ihn. Aus der Tiefe seiner Seele fühlt er sich hingezogen zu der Gestalt des Lazarus. »Wo steht die Geschichte von der Erweckung des Lazarus? Such' sie mir heraus, Ssonja.« Der Mörder sucht in den Worten des Johannesevangeliums eine Orientierung für sein weiteres Leben. Er scheint zu ahnen, dass er hier eine Quelle findet, aus der er Kraft schöpfen kann für den langen Weg innerer Verwandlung.

»LAZARENISCHE LITERATUR«
(JEAN CAYROL)

Jede Epoche liest die Welt neu. Was im Inneren der Menschen
geschieht, was sie durchleben und erleiden, was sie erfreut und
was sie schmerzt, ändert ihren Blick und öffnet ihn für Neues.
Im 20. Jahrhundert erfährt das Lazarus-Schicksal eine überraschende neue Aufmerksamkeit.

1950 bringt Jean Cayrol das Schicksal des Lazarus neu in das
gegenwärtige Bewusstsein. Er veröffentlicht das Buch *Lazare
parmit nous*, das 1959 in deutscher Sprache erscheint: *Lazarus
unter uns*. Schon der Titel deutet an, worum es Cayrol geht. Cayrol war selber inhaftiert, im Konzentrationslager Mauthausen.
Unter dieser Erfahrung muss ihm die Gestalt des Lazarus eine
ganz neue Bedeutung gewonnen haben. Sie wird ihm zu einem
Schlüssel, um die Extrembiografien des 20. Jahrhunderts zu erschließen, sich dem »Leben« in Gefängnissen, Lagern, Arrest
und Verbannung anzunähern. Lazarus ist für ihn nicht primär
eine 2000 Jahre alte historische Gestalt, sondern Lazarus ist heute unter uns!

    In dieser kleinen, bedeutenden Schrift hat Cayrol den Begriff
der *Lazarenischen Literatur* geprägt. Darunter versteht er eine
Literatur, die dem Tod Leben entringt, dem Vernichtungswillen
ein unbedingtes »Ja zum Leben« entgegenstellt; die im Unter-
gang den Aufgang sucht, eine Literatur, in der Schicksale zur
Offenbarung Gottes werden.

Eine solche Literatur legt Zeugnis ab von der unangreifbaren
und unverwundbaren Seele, die inmitten aller Katastrophen
fortwährend wiedergeboren wird.

96

»Wir haben den Beweis erbracht, dass der Mensch niemals unversöhnt blieb, nicht einmal in einer völlig zusammengebrochenen Welt, dass er sich im Gegenteil eine unangreifbare Seele, den letzten Bestandteil seiner *heimatlichen Luft* bewahrte, trotz des furchtbaren Sturms einer glühenden Katastrophe, der vor Ungeduld schnaubt wie die Pferde der Apokalypse.«[47]

Dieser Prozess geschieht nur im Ringen der Seele, in der Anspannung aller Kräfte. Die Erweckung der Seele ist letztlich ein Wunder.

»Das Wunder vollzieht sich in völliger Dunkelheit, denn der lazarenische Mensch wohnt nicht in dem nackten und trostlosen Gestein eines Grabes, er lässt sich nicht verzehren von den unersättlichen Würmern der Tyrannei. Er hat die Möglichkeit entdeckt, sich mit seinem Leiden zu messen, seine Einsamkeit auf sich zu nehmen und Widerstand zu leisten, er hat jene wunderbare Beziehung hergestellt zu dem *Anderen Bewohner* eines Grabes, in dem der Tod durch das Leben besiegt worden ist.« (ebenda)

Die Unverwundbarkeit der Seele wird wie die Unantastbarkeit der Würde des Menschen zu einer tiefen inneren Erfahrung. Weil diese Säulen des Menschseins zugleich tief bedroht sind, hat für Cayrol die Lazarenische Literatur eine große Zukunftsmission. Diese liegt darin, alle verborgenen Tendenzen und Bestrebungen gegen das Menschentum *in unserem Alltag* zu erkennen und zu bekämpfen.

Denn Cayrol ahnt eine Tendenz, die in der Menschheit weiterwirken wird, und mahnt:

».... misstrauen wir dem harmlosen Tag, an dem wir nicht
mehr auf der Hut sind gegen den Ansturm eines jeder Lie-
beskraft entleerten Blickes.«[48]

»Es ist geschehen, und folglich kann es wieder geschehen.
Es kann geschehen, überall.«

Primo Levi

Die *Lazarenische Literatur* macht uns zu Zeugen von Schlüs-
selerlebnissen der inneren Biografie, die uns selber die Augen
öffnen und Mut machen können.[49] Unter diesem Gesichtspunkt
kann auch die Autobiografie von Natascha Kampusch als ein
Stück *Lazarenischer Literatur* gelten.

Die Jahre der Gefangenschaft, die Natascha Kampusch durchlebt und überlebt hat, zeigen deutlich Todesmerkmale, wie sie
sich millionenfach in den Terrorsystemen der Welt abspielen:
der Verlust der Zusammenhänge, Nummer gegen Name, Zerstö-
rung des Zeiterlebens, Dunkelheit, Hunger und Durst, Schlaf-
entzug, Willkür, Drohung, Misshandlung und schließlich Folter
und Tötung. Und mannigfaltig ist die Lyrik und Literatur, die
Zeugnis ablegt von einem Ich in uns, das sich aus anderen Quellen speist und kundtut, welche Kraft es diesen Quellen verdankt.
Von einem Ich, das sich den Tod zum Freund gemacht hat.

DER ARCHIPEL GULAG

Alexander Issajewitsch Solschenizyn, seit 1942 Offizier der Ro-
ten Armee, wurde 1945 verhaftet, weil er in einem privaten Brief
Stalin kritisiert hatte. Seine Schrift *Der Archipel Gulag*[50] verei-

nigt zusätzlich zu seinen eigenen Erfahrungen die Erzählungen, Erinnerungen und Briefe von 227 anderen Lagerhäftlingen. Aus diesem Material entwirft Solschenizyn den »Archipel Gulag«, das weitverzweigte Netz der sowjetischen Gefangenenlager.

Bei Solschenizyn ist bemerkenswert, dass er von einem *inneren Lernprozess* in Bezug auf die Lagererfahrung bei sich selber und anderen spricht. Denn es muss uns zunächst unbegreiflich erscheinen, wenn er und andere dem Gulag, dem Gefangenenlager, überhaupt irgendetwas »Positives« abringen können. Solschenizyn deutet diesen geheimnisvollen Lernprozess an, den er durchgemacht hat: Ich, »der ich gelernt habe, meine dort verbrachten Jahre nicht als Schande, nicht als verfluchten Albtraum zu verstehen, sondern jene hässliche Welt beinahe zu lieben …« Es *bleibt* also eine hässliche Welt! Aber er hat gelernt, sie beinahe zu lieben!

Solschenizyns monumentales Werk ist keine politische Anklage, und es ist mehr als eine äußere Dokumentation. Aus dem ihm zur Verfügung stehenden historischen Material schafft der Schriftsteller ein Werk, das hinter den geschilderten Ereignissen das menschliche Antlitz aufleuchten lässt. Weil die künstlerische Form den ganzen Menschen anspricht, werden Autor und Leser zu Zeugen des »Humanum«. Sie bilden eine Gemeinschaft durch die Qualität der Empathie. Die Namen der einzelnen Zeugen treten zurück und lassen den »Lazarenischen Menschen« hervortreten.

Solschenizyn nennt sein zwischen 1958 und 1967 entstandenes Werk einen »Versuch einer künstlerischen Bewältigung«. Er will an die Menschen erinnern, die um eine geistige Bewältigung der furchtbaren Erfahrung der Lager gerungen, nach irgendeinem Sinn in diesem Irrsinn gesucht haben: die geistig und moralisch daran gewachsen und zu einer »größeren Natur« gereift sind. Fern von jedweder Rechtfertigung kann die Lagerliteratur eine »kleine Kerbe« in unseren Herzen hinterlassen, damit das Erlebte nicht umsonst war.

SCHWELLENERFAHRUNGEN

Der Archipel Gulag entwirft ein Gesamtpanorama des Lagers. Die Erfahrungen spannen sich von der Verhaftung, den Verhören in der Untersuchungshaft (oft Einzelhaft), der Verurteilung, den Aufenthalten in den verschiedenen Lagern bis zu Entlassung oder Tod. Solschenizyn schildert diese Erfahrungen als »Schwellenerlebnisse«, als geistige Kämpfe, als Prüfungen. Die Unfreiheit kann so zur wichtigsten und bedeutsamsten Prüfung im Leben werden – der Mensch lebt wie unter einem »Vergrößerungsglas«. Er wird angeschaut auf seinen Kern: »Wer bist du? Wie hast du gelebt? Wonach strebst du?« Die Internierung wurde zum *Veranlasser* dieser Fragen. Indem Solschenizyn die historischen Fakten als Schriftsteller betrachtet, macht er sie durchsichtig als Elemente einer modernen Einweihung.

Die Verhaftung hat Züge einer Zwangsinitiation. Einzelhaft löst den Menschen aus jeglicher Gemeinschaft und stellt ihn auf sich selbst. Die völlige Ungewissheit aller Zukunft fragt nach einem metaphysischen Vertrauen. Die unendlichen Transporte von Lager zu Lager führen die Häftlinge in eine nicht endende Heimatlosigkeit, eine generelle Signatur unserer Zeit. Durch alle diese Erfahrungen hindurch erlebt das Ich eine Art Feuerprobe. Es zerbricht, oder erstarkt zu einem »Trotz-allem«, in der Gewissheit: »Der Henker richtet sich selbst, der Gerichtete lebt.«[51]

Die wichtigste Prüfung kam direkt mit der Verhaftung. Man wurde herausgerissen aus seinem Leben, seiner Familie, und fand sich plötzlich den Mächten der Vernichtung, des Bösen und der Gewalt gegenüber. Welche Herausforderung, da zu bestehen, wenn man die Schwelle zum Untersuchungsgefängnis überschritten hatte, und die Verhöre – meist nachts – begannen! Allem entsagen, was die Mächte der sinnlichen Welt nehmen können, nur nicht am Leben hängen! Wer völlig entsagt, wird völlig frei! Entweder man ging zugrunde, oder man wurde stärker.

Wie in einem Selbstgespräch lässt Solschenizyn das höhere Ich zum Verhafteten sprechen, was dieser sich von da an selber sagen soll.[52]

»Lass, wenn du über die Schwelle des Gefängnisses trittst, deine Angst um das vergangene warme Leben zurück. Sprich es dir selbst vor: Das Leben ist zu Ende, zu früh zwar, was soll's, da ist nichts zu machen. Die Freiheit sehe ich nicht wieder. Ich werde zugrunde gehen – jetzt oder etwas später, aber später wird's sogar schlimmer sein, also lieber jetzt. Ich besitze nichts mehr. Die Familie ist für mich gestorben – und ich für sie. Mein Körper ist mir von heut an eine überflüssige fremde Last. Einzig meinen Geist und mein Gewissen will ich bewahren.« (S. 132)

»In der ersten Aufregung bringt der Untersuchungshäftling nichts runter, manche rühren tagelang das Brot nicht an und wissen nicht, wohin damit. Allmählich kehrt der Appetit wieder, ein ewiges Hungrigsein, das sich bis zur Gier steigert. Wem es gelingt, sich zu zähmen, dem schrumpft jedoch bald der Magen, er gewöhnt sich an die Kargheit und hat am hiesigen kümmerlichen Essen sogar gerade genug. Da braucht es Selbsterziehung: sich das Schielen nach fremden Bissen abgewöhnen, die magenfeindlichen Schwelgereien in Speisebeschreibungen sich und anderen untersagen und so oft wie möglich in höhere Sphären entfliehen.«

Diese jetzt einmal erlangte Stärke wird von nun an stündlich neu erprobt, besonders in den Verhören. Die Nacht, die uns wieder mit den Sternenkräften verbindet und uns neues Leben schenkt, wird zu stundenlangen Verhören missbraucht. In diesen will man den Häftling abschneiden von der Welt und im Innersten vernichten. Wie grandios, wenn der Gefangene dem nächtlichen Verhör entgegensetzen kann, dass er »der Sternenwanderer« ist!

»… und es stört mich nicht im Geringsten, dass sie mich bald schon mit dem Gesicht zur Wand stellen und ihre Fragen leiern: ›Sie heißen? Vor- und Vatersname? Geburtsjahr? …‹ – ›Mein Name? … Ich bin der Sternenwanderer! Mein Leib ist gefesselt, aber über meine Seele haben sie keine Gewalt!‹«

Menschen mit großer Seele sind aus den Lagern hervorgegangen. Ihr Beispiel zeigt, dass dies möglich war. Und darin kann auch der Gewinn für uns liegen, für unsere Zukunft, für unser Leben. Aus der Lagererfahrung bricht die Erkenntnis von der Wirklichkeit der unsichtbaren göttlichen Welt hervor. Wie ein Posaunenstoß tönt dieser Ruf in unsere Welt hinein. Die Erkenntnis von der Realität der geistigen Welt muss das gesamte menschliche Denken unserer Zeit verändern: Jeder Mensch ist ein Sternenwanderer.

Aus diesen Erfahrungen wurde die Kraft geschöpft, zu überleben und dem permanenten Terror standzuhalten. Der Tod hat seinen Stachel verloren, denn der Mensch hat sich selbst in seiner Ewigkeit erfasst.

EINSAMKEIT UND GEMEINSCHAFT

Sowohl Einsamkeit als auch Gemeinschaft sind ein tiefes Bedürfnis jedes Menschen. Er braucht Konzentration auf sich selbst und Austausch mit anderen. Wirklich gemeinschaftsfähig ist nur der, der auch allein sein kann. In den Lagern wurden beide Elemente zu Terrorinstrumenten missbraucht, in Form von Isolationshaft und Massenquartieren.

Als ein großes Glück wurde das Ende der Einzelhaft erlebt. Endlich wieder unter Menschen zu sein – wie kostbar! Solschenizyn vergleicht dieses für ihn unvergessliche Erlebnis der ersten gemeinsamen Zelle sogar mit dem Erlebnis der ersten Liebe!

»Doch schließlich hast du nicht den Boden, den dreckigen, nicht die düsteren Wände, nicht den Gestank der Latrine liebgewonnen, sondern diese da, mit denen gemeinsam du dich auf Kommando umgedreht hast; dieses Etwas, das zwischen euren Seelen pochte; ihre zuweilen erstaunlichen Worte; und die gerade dort in dir geborenen, so freien und schwebenden Gedanken, zu denen du dich vor Kurzem noch nicht aufgerafft, auch nicht zu ihnen dich emporgeschwungen hättest.«

»Tage, Wochen warst du mutterseelenallein unter Feinden und gabst schon Verstand und Leben verloren und
hast dich bereits vom Heizkörper heruntergefallen lassen,
mit dem Kopf voran auf den eisernen Abflusskegel – und
plötzlich lebst du und bist unter Freunden. Und der Verstand kehrt dir wieder.
Das ist die erste Zelle!«

»Du hast darauf gewartet, du hast sie herbeigesehnt, als
wäre sie beinahe die Freiheit …«

»Zum ersten Mal siehst du jetzt nicht Feinde. Zum ersten
Mal siehst du jetzt *Artgenossen, Lebende,* die deinen Weg
gehen, mit denen du dich verbinden kannst im freudigen
Wort *wir!*«

»Ja, ein Wort dies, das du draußen vielleicht verachtet hast,
als es diente, deine Persönlichkeit zu ersetzen (›Wir alle
wie ein Mann! … Wir protestieren! … Wir verlangen! …
Wir schwören! …‹) – und wie wohltuend ist es dir jetzt.
Du bist auf der Welt nicht allein! Es gibt noch vernunft-
und geistbegabte Wesen – *Menschen!*«
(S. 177–179)

Ganz neu werden die Tröstlichkeit des Schlafes und des Tages-
lichtes empfunden. Nicht umsonst gehen die Foltermethoden
darauf aus, durch Dauerlicht den Gefangenen den Schlaf und
den natürlichen Rhythmus von Tag und Nacht zu nehmen.

»Eine Nacht ungestörten Schlafs überwog sämtliche Geschicke des Planeten!«

»Ich aber lag wach, randvoll erfüllt von diesem Fest: bei Menschen zu sein. Vor einer Stunde noch hatte ich nicht damit rechnen können, dass man mich mit jemandem zusammenlegen würde. Es hätte auch zu Ende gehen können mit mir (der Untersuchungsrichter versprach mir nicht einmal die Kugel ins Genick), ohne dass ich noch jemanden gesehen hätte. Noch immer hing die Untersuchung über mir, doch wie weit war sie zurückgetreten. Morgen werde ich erzählen (nicht über meinen *Fall* natürlich), morgen werden sie erzählen – wie interessant wird doch der morgige Tag, einer der besten im Leben! (Dieses Bewusstsein kam mir sehr früh und sehr klar: dass das Gefängnis für mich kein Abgrund ist, sondern die wichtigste Wende des Lebens.)«

»Die Zelle hat ein Fenster! Morgen gibt es schwaches Tageslicht, und sie werden für einige Stunden um die Tagesmitte die schmerzende Lampe löschen. Wie viel das ist: tagsüber bei Tageslicht zu leben.« (S. 184)

»Welches Glück, dann Tageslicht zu erleben, beim ›Freigang‹ auf dem Dach des vierten Stocks zum offenen Himmel aufblicken zu dürfen.«[53]

»… aber die Luft ist echt und der Himmel auch! ›Hände auf den Rücken! In Zweierreihen aufgestellt! Sprechen verboten! Stehenbleiben verboten!‹ Bloß das Hinaufschauen haben sie zu verbieten vergessen! Und du wirfst natürlich den Kopf hoch und schaust. Hier stehst du, nicht reflektiert, nicht sekundär – die Sonne! die Sonne selbst, die ewige und lebendige!«

Schlafbaracke des Gulag Panischewski im Ural.

»Jeder Mensch hofft im Frühling auf Glück, und jeder Häftling erhofft es sich zehnmal so stark! Du, Aprilhimmel! Das macht nichts, dass ich im Gefängnis stecke. Erschießen werden sie mich wohl nicht. Dafür werde ich klüger werden da drinnen. Werde vieles verstehen lernen, Himmel! Werde meine Fehler gutmachen können – nicht vor *ihnen* – vor dir, Himmel!«

»Ja, die schwerelosen Abende auf der Lubjanka! (Nur dann übrigens schwerelos, wenn du nicht aufs nächtliche Verhör zu warten hast.) Schwerelos dein Leib, vom wässrigen Brei genau in dem Maße befriedigt, dass deine Seele seine Bürde nicht spürt. Leichte und freie Gedanken! Wir sind wie auf den Sinai emporgehoben, und aus den Flammen erscheint uns die Wahrheit.«

»Leben will ich, um zu denken und zu leiden!«

»In Orotukan schmilzt die Erde nur im Sommer auf einen Meter Tiefe – und erst dann können die Knochen der im Winter Verstorbenen darin begraben werden. Ihr aber habt den blauen Himmel über euch und habt unter der heißen Sonne das Recht, über euer Schicksal zu entscheiden, hinzugehen, um Wasser zu trinken, euch hinzusetzen, um die Beine zu strecken, und ohne Bewachung hinzufahren, wohin immer ihr wollt. Was soll'n die nicht abgestreiften Schuh? Und die Schwiegermutter, was tut sie zur Sache? Das Wichtigste im Leben, alle seine Rätsel: Soll ich sie vor euch ausbreiten, hier sogleich? Bemüht euch nicht um das Trügerische, nicht um Besitz, nicht um Titel: Das wird mit den Nerven bezahlt, in Jahrzehnten erworben, und in einer einzigen Nacht konfisziert. Lebt in ruhiger Überlegenheit gegenüber dem Leben – fürchtet nicht das Unglück und sehnt euch nicht nach Glück, 's ist ja einerlei. Das Bittere währt nicht ewig, und an Süßem wird das Maß nicht voll. Seid zufrieden, wenn ihr nicht friert, wenn Hunger und Durst euch nicht die Innereien zerreißen.

Wenn euch das Rückgrat nicht gebrochen ist, wenn ihr auf beiden Beinen gehn, mit beiden Händen zugreifen, mit beiden Augen sehn und mit beiden Ohren hören könnt – wen braucht ihr dann noch zu beneiden? Wozu? Der Neid zehrt uns selbst am allermeisten auf. Reibt euch die Augen wach, wascht euch die Herzen rein – dann werdet ihr jene am höchsten schätzen, die euch lieben, die euch zugetan. Tut ihnen nichts zuleide, sagt kein böses Wort über sie, lasst keinen im Streit von euch scheiden: Wie solltet ihr wissen, ob es nicht euer letztes Tun vor der Verhaftung ist – wollt ihr so in ihrer Erinnerung bleiben?« (S. 554f.)

»DIE WELT IST EIN EINZIGES DURCHGANGSLAGER«

Grundsätzlich stellte das Lagerleben jeden vor die Frage, ob er seiner *inneren Stimme* folgen kann, ob er sich seiner innersten Freiheit, der Freiheit, sich zu verhalten (Viktor Frankl), bewusst wird und sie bewahren kann. Dieser Stimme folgen hieße, den Mut zu entwickeln und die Chance zu ergreifen, die eigenen zeitlichen Handlungen auf die Ewigkeit zu beziehen: »Kann ich vor mir selber und vor dem Auge der Ewigkeit bestehen?« Es entbrannte ein Kampf zwischen dem übermächtigen Gegner und der inneren Stimme.

So gesehen sind die Lager wie im Archipel Gulag beispielhaft für die Herausforderungen, die früher oder später an jeden Menschen herantreten als Katastrophen, Unglücke, Krankheitsfälle, ja als der Tod selber. So stellt sich die ganze Welt als »ein einziges Durchgangslager«[54] dar, wie ein Häftling es nannte. Es gab Lagerhäftlinge, für die ihre Unfreiheit zur bedeutendsten Verwandlung in ihrem Leben wurde: Ihr Blick wurde menschlicher, ihr Begriff von Freiheit verwandelte sich völlig. In Bezug auf die Freiheit »draußen« wurde empfunden: »Eng ist's in der Zelle, aber ist die Freiheit nicht noch enger?«

So kommt es zu einer Revolution der Begriffe. Die vielen äußeren Freiheiten, die uns das Leben gewährt, können die innere Knechtschaft zudecken, unsere Abhängigkeit von allem, ohne das wir uns das Leben nicht mehr vorstellen können. Das Lager aber erscheint demjenigen, dem der innere Durchbruch gelang, in völlig anderem Licht. Im Vergleich zu dem scheinbar freien Leben der Menschen draußen, denen aber die wirklich wichtigen Dinge des Lebens oft verschlossen bleiben und die wie Schlafwandler ihr Leben leben, erscheint paradoxerweise das Gefängnisleben als wirklicheres Leben, »denn die Gefangenen sind wach geworden«. Enttäuscht von der schlafenden, verbürgerlichten und veräußerlichten Welt, kommt es dann nach der Befreiung aus dem Lager zu Ausrufen: »Ich möchte nach Hause ins Lager!« oder: »Das Lager ist die höchste Freiheit.«

DAS LAGER: ORT DER WAHRHEIT

»Eine einfache Wahrheit ist's, doch auch sie nur durch Leid zu erfassen: Nicht die Siege in den Kriegen sind gesegnet, sondern die Niederlagen darin! Die Siege sind den

Regierungen zunutze, die Niederlagen – dem Volk. Ein Sieg weckt den Wunsch nach weiteren Siegen, eine Niederlage den Wunsch nach der Freiheit, die meist auch errungen wird. Die Völker brauchen die Niederlagen, so wie der einzelne Mensch des Leids und der Not bedarf, um zur Entfaltung seines Ich, zu geistigen Höhen zu gelangen.«

»So viele sind also erschossen – zuerst Tausende, dann Hunderttausende. Wir dividieren, multiplizieren, bedauern, verfluchen. Und doch sind es Zahlen. Sie frappieren, erschüttern, werden später vergessen. Aber wenn irgendwann einmal die Angehörigen der Erschossenen alle Fotografien ihrer Hingerichteten in einem Verlag zusammentrügen und der Verlag ein Fotoalbum daraus machte, mehrere Bände davon – dann könnten wir, Seite für Seite umblätternd, aus jedem letzten Blick in die verblichenen Augen sehr vieles für das uns verbliebene Leben gewinnen. Diese Lektüre, fast ohne Buchstaben, würde ewige Spuren in unsere Herzen graben.«

Im dritten Band des *Archipel Gulag* erzählt Solschenizyn von Pjotr Kischkin. Kischkin war so etwas wie ein »Heiliger Narr« im Lager, von dem es hieß, er sei klüger als alle anderen. Wenn die Arbeitskolonnen vor dem Lager oder vor der Arbeitszone standen und das Sprechen erlaubt war, nutzte er die Zeit, um Reden zu halten. Eine seiner ständigen Parolen war: »Entwickelt eure Gesichter! Wenn ich so durch die Zone gehe, sehe ich lauter unentwickelte Gesichter …«[55]

10 WEGE ZUR STÄRKUNG DES ICH

Hinter den Kulissen unserer Zeit findet eine geistige Auseinandersetzung statt, die wir erkennen müssen. Der Text des Paulus, den ich diesem Kapitel zugrunde lege, spricht von einer solchen Auseinandersetzung. Er kann uns auch heute noch viel sagen, auch wenn er über 2000 Jahre alt ist.

»Darauf aber kommt schließlich alles an: Erstarket in der Gegenwart des Herrn und an der Kraft seiner Stärke. Ergreifet die Waffenrüstung Gottes, auf dass ihr erstarket, um gegen die Angriffe des Widersachers zu bestehen.

Denn unser Kampf ist nicht ein Kampf gegen Wesen von Fleisch und Blut, sondern gegen Urkräfte, gegen Offenbarer, gegen die Weltenherrscher der Finsternis dieser Zeit, gegen die Geister des Bösen im Geistgebiet.

Deshalb leget an des Gottes Waffenrüstung, damit ihr widersteht am Tage der Offenbarung des Bösen und alle Prüfungen der Widersacher bis zu Ende ertragen und bestehen könnt. Stehet nun fest, lasst euch umgürten vom Erleben der Wahrheit. Lasst das Eintreten für Gerechtigkeit zu eurem Schutzpanzer werden. Die Hingabe an das Evangelium des Friedens bahne euren Füßen den Weg. In allem macht den Glauben zu eurem Schild, mit dem ihr auslöschen könnt alle glühenden Geschosse des Bösen. Die Hoffnung auf das Heil werde euch zu einem schützenden Helm, und das Wort Gottes zum Schwert des Geistes bei allem Beten und bei aller Fürbitte. Betet zu jeder Zeit in Geistesgegenwart. Darum ringet mit aller Kraft, dass euer Inneres wache und leuchte im Gebet und in der Fürbitte für alle, die dem Geiste leben wollen.«[56]

WACHE AUF, DER DU SCHLÄFST

Rudolf Steiner hat darauf hingewiesen, dass manches aus den Paulus-Briefen für zukünftige Zeiten geschrieben ist. Vielleicht auch die markante Stelle aus dem Epheser-Brief: »Wache auf, der du schläfst, aufersteh von den Toten.« Unser normales gegenwärtiges Bewusstsein ist ja keineswegs eine volle Wachheit, es ist – geistig gesehen – eher ein Schlaf. Uns fehlt die Fähigkeit der Aufmerksamkeit auf allen Wahrnehmungsgebieten.

Wer die Zeitphänomene verfolgt, muss zu dem Ergebnis kommen: Durch unsere moderne »Zu-vielisation« wird heute der innerste Kern des Menschen attackiert. Der Angriff geht auf das Zentrum seiner Persönlichkeit, den Ausgangspunkt für alles Wahrnehmen, Fühlen und Tun. Auf dem Spiel steht der Erhalt unserer Initiativkraft, unserer Verwandlungs- und Entwicklungsimpulse. Das Menschen-Ich droht heute korrumpiert, gekränkt und deformiert zu werden. In dem Maße, wie dies geschieht – und darin liegt das eigentlich Gefährliche –, wird der Angriff auf den Menschen nicht mehr wahr- und ernst genommen. Die Deformierung verhindert ihre Bewusstwerdung. Es könnte schon bald eine Zeit kommen, in der Menschen beim besten Willen mit dem Gedanken einer »inneren Biografie« nichts mehr verbinden können.

Carl Friedrich von Weizsäcker veröffentlichte 1983 eine Zusammenfassung seiner weltpolitischen Prognosen unter dem Titel *Der bedrohte Friede*.[57] Ein sehr lesenswertes Buch. Der Zusammenbruch des Kommunismus, weltweite Arbeitslosigkeit, das Versagen der Sozialsysteme – alles wird vorausgesagt, bis hin zum unkontrollierten Kapitalismus, der als Gesellschaftssystem vor nichts zurückschrecken wird, um seine eigene Macht zu erhalten. Weizsäcker wusste zugleich, dass sein Buch keinen weckenden Einfluss haben würde. Im Gegenteil, heute haben wir ideologische Ausreden dazu entwickelt, um weiterzuschlafen: »Krisen gab es schon immer! … Die Technik wird auch das lösen!«

Andererseits gibt es Menschen und Menschengruppen, deren Engagement positiv weithin ausstrahlt, Hoffnungszeichen, Leuchttürme für unsere Zeit. Ich nenne als ein Beispiel Stéphane Hessel mit seinen flammenden Ausrufen: »Empört euch!« und: »Engagiert euch!«[58] Vielen, gerade jüngeren Menschen ist dies aus dem Herzen und ins Herz gesprochen. Denn die tiefer liegende Frage lautet doch: Wie kann der Akteur jeder Biografie, der innere »Wagenlenker«, der Steuermann seines Schicksals, unser eigentliches Ich wieder mehr in den Blick kommen? Menschen, die dieses Anliegen teilen, können Wege suchen, bahnen und beschreiten, und so aus dem tätigen Ich heraus nicht nur sich selber stärken, sondern auch die Gemeinschaft.

GEISTESKAMPF

Nirgends im Neuen Testament wird auf die spirituellen Hintergründe des Bösen so deutlich hingewiesen wie im Epheser-Brief in dem Kapitel über die geistige Waffenrüstung, außer in der Apokalypse des Johannes. Von diesem Kampf, der nicht irgendwo draußen, sondern auf dem Grund der Seele des Menschen stattfindet, spricht auch Rudolf Steiner an Pfingsten 1915 in dem Spruch »Wo Sinneswissen endet«. Es kann ermutigend wirken, dass er dort formuliert, dass sich die Seele durch eigene Aktivität den Schlüssel schaffen kann, mit dem sie sich den Zugang zu den wahren Lebenswirklichkeiten eröffnet. Diesen Vorgang kleidet Paulus in das Bild einer Waffenrüstung, die der Mensch sich schmieden muss für den Kampf gegen die überragend starken geistigen Mächte, die unser Menschentum gefährden.

Paulus (»*der Kleine, Geringe*«) hat in bewundernswerter Weitsicht damals schon erkannt, dass wir gegen Wesen kämpfen, die nicht irdisch als Menschen verkörpert sind, sondern gegen geistige Wesen. Wie es möglich war, dass geistige Wesen sich vom Göttlichen getrennt und sich ihm entgegengestellt haben, bedürfte einer eigenen Darstellung.[59] Eine der eindrücklichsten Darstellungen in der Weltliteratur ist die Gestalt des Mephisto: Er ist klug, weltmännisch, gewandt, eloquent – und bereit, dem Menschen alle seine Dienste anzutragen, wenn er sich ihm unterwirft.

Die Gegenmächte des Menschen wirken so, dass sie die höheren Erkenntniskräfte, die jetzt im Menschen zu erwachen beginnen, abfangen und verführen. Zu den Methoden der geistigen Feinde des Menschen gehört, dass sie sich tarnen, bis zur Unkenntlichkeit verschleiern, sodass die eigentliche Schwierigkeit darin besteht, zu erkennen, dass sie den Menschen beherrschen und für die eigenen Zwecke missbrauchen wollen. Die Fähigkeit, z. B. die Wirklichkeit in Wahr-Bildern, in Imaginationen zu erschauen, wird von einer Flut von massiv wirksamen Scheinbildern erstickt.

»Den Teufel spürt das Völkchen nie,
Und wenn er sie beim Kragen hätte.«[60]

»Weiche den Übeln nicht, geh mutiger ihnen entgegen«, heißt
es bei Vergil. Der Apostel Paulus folgt einem ähnlichen Prinzip. In seinem Brief an die Epheser zeigt sich klar, dass Paulus
Esoteriker war. Denn nur einem geistig erkennenden Menschen
können sich geistige Wesen offenbaren. Paulus sieht eine *Steigerung der Wirksamkeit des Bösen* voraus bis zu dem Tage, »wo das
Böse seinen höchsten Stand erreicht« (Eph 6,13). Darauf gehen
wir offensichtlich zu. Und wie nie zuvor ist unsere Urteilskraft
gefragt, denn Kennen ist nicht Erkennen.

Paulus lässt uns aber nicht mit dieser Erkenntnis allein, die
uns – nimmt man sie ernst – Furcht und Schrecken einjagen
kann. Er bietet uns einen Einblick in seine eigene geistige Werk-
statt. Denn mit den geistigen Widersachern des Menschen liegt
er selber im Kampf. Sein Aufruf ist keine Theorie, sondern ent-
springt seiner spirituellen Praxis.

Er knüpft in seiner Darstellung an den vollbewaffneten rö-
mischen Soldaten an. Dessen Rüstung wird ihm zum Bild einer *geistigen Waffenrüstung*, die jeder Mensch in sich ausbilden
kann.[61] Ich fasse hier das dort Ausgeführte kurz zusammen.
Denn die geistige Waffenrüstung, die Paulus entwirft, bildet den
Leib für den geistigen Menschen, Schutz für den Akteur seiner
Biografie, für sein Ich.

Das Erste, was von Paulus ausgeht in seinem Aufruf, ist starke, freudige *Ermutigung*: Die Widersacher sind viel stärker, als
der Mensch allein je sein kann, aber es gibt göttlichen Beistand,
göttliche Hilfen – wenn ihr sie *ergreifen* wollt:

Ergreifet mutig die geistige Waffenrüstung.

Etwas Erleichterndes, uns im Kern Stärkendes geht von diesem Ruf aus: »Zu den Waffen!« Und nun werden wir belehrt, dass bei innerem Üben über kurz oder lang etwas »heraus-kommt«, wenn wir uns ernsthaft bemühen, sodass wir der Welt die Stirn bieten können! Seelisches Üben kann im Geistigen einen zweiten Leib bilden, einen Ich-Leib, eine Rüstung zum Schutz in dem Kampf gegen geistige Wesen, die dem Menschen entgegenwirken.

Die einzelnen Teile dieser »Rüstung« werden erworben und uns gleichzeitig gnadenvoll geschenkt.

Wahrhaftigkeit will uns umgürten …

Nah und untrennbar vom Menschen soll diese Kraft in Zukunft werden. Wahrheit ist ein Beziehungswort für denjenigen, der die sich offenbarende Wahrheitskraft in Christus erlebt (»Ich bin die Wahrheit«). Dieses Erleben wird das nur Persönliche im Menschen zurückdrängen und den eigenen Willen dem göttlichen Willen annähern.

Gerechtigkeit will unser Herz, unser Zentralorgan schützen …

Gerechtigkeit im Sinne des Paulus ist mehr als die Erfüllung einer gegebenen Rechtsnorm. Gerechtigkeit, oder besser: *Gerechtheit* waltet zwischen Gott und Mensch, wenn sie in rechter, angemessener Beziehung zueinander stehen. Ein solches Verhalten, das danach strebt, dass alles zu seinem Recht kommt, bringt uns in gerechten Einklang mit dem Weltganzen.

Friedenswille schützt unsere Schritte, unsere Initiativen …

Der Friede, der hier gemeint ist, ist noch überirdisch. Christus, der »Friedensfürst«, bringt diesen Frieden zu den Menschen, sucht ihn im menschlichen Herzen zu verankern. Seine Jünger beauftragt er, den Frieden in die Welt zu tragen.

Vertrauen in die guten Mächte des Daseins wehrt böse Attacken ab …

Der Glaube Gottes an den Menschen ist ein Mysterium. Sobald der Mensch dies ahnt, entfaltet sich stufenweise die Glaubenskraft in seinem Inneren, bewegt ihn und wirkt wie ein Schutzschild.

Geistgedanken bilden einen Schutzhelm für die Ichflamme …

Die Aufforderung, den Helm anzulegen, bedeutet die Mahnung, die Heilstaten des Christus Jesus auf Erden in das eigene Denken aufzunehmen und als Keim zukünftiger Entwicklung zu pflegen.

Die Klinge des Wortes, das wahr-sagt,
wird euch zum Schwert der Urteilskraft …

Hier geht es um die geistige Entschiedenheit des Menschen. Er soll sich darum bemühen, sein tieferes Wesen zu ergreifen und es wie ein Schwert zu verwenden. Die Worte, mit denen Christus den Versucher abweist: »Weiche zurück«, können in unserer Seele zur Urteilskraft heranreifen.

117

In unserer komplexen Gegenwart ist es für den Einzelnen wichtig, eine Richtschnur zu haben für die eigene Urteilsbildung. Und so kann der Aufruf des Paulus auch heute eine Kraftquelle zur Stärkung des inneren Menschen werden. Aus dem Paulus-Text im Ganzen mag deutlich geworden sein, dass Glaube in seinem Sinne eine schöpferische, verändernde Kraft ist. Sie fließt aus der Erkenntnis, dass der lebendige Christus gegenwärtig ist und uns stärkt – uns stärkt für die Ideale des Christentums, zu der auch die Hoffnung zählt. Wir haben große Möglichkeiten, die Zukunft der Menschheit und der Erde in andere Bahnen zu lenken. Nichts wird uns in den Schoß fallen, aber mit Geist, Herzensmut und Bereitschaft zur Kursänderung können wir Zukunft gestalten.[62]

ABSCHLUSS:
ÜBER DEN TOD HINAUS

Obwohl die innere Biografie des Menschen Ausdruck seiner unverwechselbaren Individualität ist und immer mehr werden soll, liegen ihr allgemeine Bedingungen und Gesetzmäßigkeiten zugrunde, die für jeden Menschen gelten, wie z. B. Geburt und Tod, Zugehörigkeit zu einer Familie, einem Geschlecht, einem Volk. Selbst in den mit anderen Menschen geteilten Schicksalen, wie z. B. in der Haft, an der Front oder in Unglücken, wird der einzelne Mensch sich seinem Wesen nach verhalten, so oder so reagieren und das Erlebte verarbeiten. So bleibt trotz aller Gesetzmäßigkeiten und Lebensumständen jeder Mensch sein eigener »Bio-Grafiker«, der gestaltende Künstler seines Lebensweges. Er schreibt der Welt sein eigenes Leben ein.

Durch die Forschungen der Geisteswissenschaft kann sich unser Blick auf die innere Biografie des Menschen erweitern. Geburt und Tod können so zu Toren werden. Durch das Tor der Geburt treten wir in das Erdenleben ein, aber nicht als »unbeschriebenes Blatt«, sondern eher wie »trailing clouds of glory do we come from God«, wie William Wordsworth (1770–1850) es gefühlt und ausgedrückt hat. Denn jeder von uns hat eine »Vorgeschichte«, die heute hier und da schon ins Bewusstsein Einzelner tritt. Aber es wird im Buch des Lebens ein *neues Blatt* aufgeschlagen. In uns bringen wir zu Fähigkeiten verwandelte Erlebnisse mit und werden damit zu Künstlern unserer eigenen Biografie.

Am Ende unseres Erdenlebens gehen wir durch das Tor des Todes, treten über die Todesschwelle. Wir legen den Leib ab und befreien uns aus ihm, wie ein Schmetterling aus seiner Puppe herauskriecht. Die abgelegte Hülle bleibt zurück. Das »Ich bin« tritt nun dem eigenen Leben gegenüber und schaut sein *Lebensbild* an, wie auf einer Leinwand. Alles ist eingeschrieben, was sein Leben ausmachte. Das Lebenspanorama schaut einen an, die Leinwand wird zum Spiegel.

Es folgt eine lange Zeit der »Rekonstruktion«. Wir selber re-konstruieren den Verlauf unserer Biografie in einer grandiosen Rückschau wie einen Film, der rückwärts abläuft. *Wir selber* fragen und beurteilen uns: »Was ist gelungen, was nicht, was hat gefehlt usw.« Diese Rückschauerlebnisse verarbeiten wir zu Zukunftsimpulsen. Aus den Früchten dieses Lebens nehmen wir die Samen für ein neues, anderes Leben mit.

Schließlich wird im Buch des Lebens wieder ein neues Blatt aufgeschlagen. Mit neuen, gereiften Fähigkeiten darf der Künstler zu Werke gehen und ein neues Bild malen, eine neue Biografie gestalten.

Benjamin Franklin (1706–1790), Drucker, führend in der amerikanischen Unabhängigkeitsbewegung, hat an eine solche Zukunft fest geglaubt und selber folgenden Text für seinen Grabstein entworfen:

Der Leib von
Benjamin Franklin, Drucker,
wie der Deckel eines alten Buches,
der Inhalt ausgerissen,
seiner Beschriftung und seines Goldschnittes beraubt.
Dieser Leib liegt hier, Nahrung der Würmer.
Doch das Werk selbst wird nicht verloren sein,
denn es wird, wie der Autor glaubt,
ein anderes Mal erscheinen
in einer neuen und schöneren Ausgabe,
verbessert und ergänzt
durch den Autor.

ANHANG

ZU KAPITEL 3
George Ritchie, *Rückkehr von morgen*

Als im Mai 1945 der Krieg in Europa zu Ende ging, kam die 123. mit den Besatzungstruppen auch nach Deutschland. Ich gehörte zu einer Gruppe, die in ein Konzentrationslager in der Nähe von Wuppertal abgeordnet wurde, und hatte den Auftrag, medizinische Hilfe für die erst kürzlich befreiten Gefangenen zu bringen, von denen viele Juden aus Holland, Frankreich und dem östlichen Europa waren. Dieses war die erschütterndste Erfahrung, die ich je gemacht hatte; bis dahin war ich viele Male dem plötzlichen Tod und der Verwundung ausgesetzt gewesen, aber die Wirkung eines langsamen Hungertodes zu sehen, durch jene Baracken zu gehen, wo Tausende von Menschen Stückchen für Stückchen über mehrere Jahre gestorben waren, all das war eine neue Art von Horror. Für viele war es ein unwiderruflicher Prozess. Wir verloren Dutzende täglich, obwohl wir sie schnellstens mit Medizin und Nahrung versorgten.

Jetzt brauchte ich meine neue Erkenntnis, in der Tat. Wenn es so schlimm wurde, dass ich nicht mehr handeln konnte, tat ich das, was ich gelernt hatte zu tun. Ich ging von einem Ende zum anderen in dem Stacheldrahtverhau und schaute in die Gesichter der Menschen, bis ich feststellte, dass das Gesicht Christi mich anblickte.

Und so lernte ich Wild Bill Cody kennen. Das war nicht sein

eigentlicher Name. Sein wirklicher Name hatte sieben unaussprechliche polnische Silben, aber er hatte einen lang herunterhängenden Lenkstangenbart, wie man ihn auf Bildern der alten Westernhelden sah, sodass die amerikanischen Soldaten ihn Wild Bill nannten. Er war einer der Insassen des Konzentrationslagers, aber offensichtlich war er nicht lange dort gewesen: Seine Gestalt war aufrecht, seine Augen hell, seine Energie unermüdlich. Da er sowohl Englisch, Französisch, Deutsch und Russisch als auch Polnisch fließend sprach, wurde er eine Art inoffizieller Lagerübersetzer.

Wir kamen zu ihm mit allen möglichen Problemen; der Papierkram alleine hielt uns oft auf bei dem Versuch, Leute zu finden, deren Familien, ja, sogar ganze Heimatorte möglicherweise verschwunden waren. Aber obwohl Wild Bill 15 oder 16 Stunden täglich arbeitete, zeigten sich bei ihm keine Anzeichen von Ermüdung. Während wir Übrigen uns vor Müdigkeit hängenließen, schien er an Kraft zu gewinnen. »Wir haben Zeit für diesen alten Kameraden«, sagte er. »Er hat den ganzen Tag auf uns gewartet.« Sein Mitleid für seine gefangenen Kameraden strahlte aus seinem Gesicht, und zu diesem Glanz kam ich, wenn mich der Mut verlassen wollte.

Ich war darum sehr erstaunt, als ich die Papiere von Wild Bill eines Tages vor mir liegen hatte, dass er seit 1939 im KZ gewesen war! Sechs Jahre lang hatte er von derselben Hungertoddiät gelebt und wie jeder andere in derselben schlecht gelüfteten und von Krankheiten heimgesuchten Baracke geschlafen, dennoch ohne die geringste körperliche oder geistige Verschlechterung. Noch erstaunlicher war vielleicht, dass jede Gruppe im Camp ihn als einen Freund betrachtete. Er war derjenige, dem Streitigkeiten zwischen den Insassen zum Schiedsspruch vorgelegt wurden. Erst nachdem ich wochenlang da gewesen war, erkannte ich, welch eine Rarität dies in einem Gelände war, wo die verschiedensten Nationalitäten von Gefangenen einander fast so sehr hassten, wie sie die Deutschen hassten.

Was die Deutschen betraf, stiegen die Gefühle gegen sie in einigen der Lager, die etwas früher befreit worden waren, so hoch, dass frühere Gefangene sich Gewehre geschnappt hatten und in das nächste Dorf gerannt waren und einfach den ersten Deutschen, den sie sahen, erschossen hatten. Es war ein Teil unserer Instruktionen, diese Dinge zu verhindern, und wieder war Wild Bill unser größter Aktivposten, wenn er mit den verschiedenen Gruppen vernünftig redete und ihnen riet, Vergebung zu üben.

»Es ist nicht leicht für sie, zu vergeben«, erklärte ich ihm eines Tages, als wir im Zentrum für alle Abwicklungen mit unseren Teetöpfen beieinander saßen. »Viele von ihnen haben ihre Familienangehörigen verloren.«

Wild Bill lehnte sich in dem geraden Stuhl zurück und schlürfte sein Getränk.

»Wir leben im jüdischen Sektor von Warschau«, fing er langsam an. Es waren die ersten Worte, mit denen er mir gegenüber von sich selbst sprach. »Meine Frau, unsere zwei Töchter und unsere drei kleinen Jungen. Als die Deutschen unsere Straße erreichten, stellten sie jeden an die Wand und eröffneten mit Maschinengewehren das Feuer. Ich bettelte, dass sie mir erlauben würden, mit meiner Familie zu sterben, aber da ich Deutsch sprach, steckten sie mich in eine Arbeitsgruppe.«

Er unterbrach, vielleicht weil er wieder seine Frau und seine fünf Kinder vor sich sah. »Ich musste mich dann entscheiden«, fuhr er fort, »ob ich mich dem Hass gegenüber den Soldaten hingeben wollte, die das getan hatten. Es war eine leichte Entscheidung, wirklich. Ich war Rechtsanwalt. In meiner Praxis hatte ich zu oft gesehen, was der Hass im Sinn und an den Körpern der Menschen anzurichten vermochte. Der Hass hatte gerade sechs Personen getötet, die mir das meiste auf der Welt bedeuteten. Ich entschied mich dafür, dass ich den Rest meines Lebens – mögen es nur wenige Tage oder viele Jahre sein – damit zubringen wollte, jede Person, mit der ich zusammenkam, zu lieben.«

Jede Person zu lieben ... das war die Kraft, die den Mann in allen Entsagungen so wohl erhalten hatte. Es war die Kraft, die mir zuerst im Krankenzimmer von Texas begegnet war, und, das lernte ich Stück für Stück, wo Jesus Christus hindurchscheinen wollte – ob der menschliche Träger sich dessen bewusst war oder nicht.

ZU KAPITEL 8

Gen 28,10–22: *Jakob schaut die Himmelsleiter*
(Übersetzung: Martin Luther)

Aber Jakob zog aus von Beerscheba und machte sich auf den Weg nach Haran und kam an eine Stätte, da blieb er über Nacht, denn die Sonne war untergegangen. Und er nahm einen Stein von der Stätte und legte ihn zu seinen Häupten und legte sich an der Stätte schlafen.

Und ihm träumte, und siehe, eine Leiter stand auf Erden, die rührte mit der Spitze an den Himmel, und siehe, die Engel Gottes stiegen daran auf und nieder. Und der Herr stand oben darauf und sprach: Ich bin der Herr, der Gott deines Vaters Abraham, und Isaaks Gott; das Land, darauf du liegst, will ich dir und deinen Nachkommen geben. Und dein Geschlecht soll werden wie der Staub auf Erden, und du sollst ausgebreitet werden gegen Westen und Osten, Norden und Süden, und durch dich und deine Nachkommen sollen alle Geschlechter auf Erden gesegnet werden. Und siehe, ich bin mit dir und will dich behüten, wo du hinziehst, und will dich wieder herbringen in dies Land. Denn ich will dich nicht verlassen, bis ich alles tue, was ich dir zugesagt habe.

Als nun Jakob von seinem Schlaf aufwachte, sprach er: Fürwahr, der Herr ist an dieser Stätte, und ich wusste es nicht! Und er fürchtete sich und sprach: Wie heilig ist diese Stätte! Hier ist nichts anderes als Gottes Haus, und hier ist die Pforte des Himmels. Und Jakob stand früh am Morgen auf und nahm den Stein, den er zu seinen Häupten gelegt hatte, und richtete ihn auf zu einem Steinmal und goss Öl oben darauf und nannte die Stätte Bethel; vorher aber hieß die Stadt Lus.

Und Jakob tat ein Gelübde und sprach: Wird Gott mit mir sein und mich behüten auf dem Wege, den ich reise, und mir Brot zu essen geben und Kleider anzuziehen und mich mit Frieden wieder heim zu meinem Vater bringen, so soll der Herr mein Gott sein. Und dieser Stein, den ich aufgerichtet habe zu einem Steinmal, soll ein Gotteshaus werden; und von allem, was du mir gibst, will ich dir den Zehnten geben.

Gen 32,23–32: *Jakobs Kampf am Jabbok. Sein neuer Name* (Übersetzung: Martin Luther)

Und Jakob stand auf in der Nacht und nahm seine beiden Frauen und die beiden Mägde und seine elf Söhne und zog an die Furt des Jabbok, nahm sie und führte sie über das Wasser, so dass hinüberkam, was er hatte, und blieb allein zurück.

Da rang ein Mann mit ihm, bis die Morgenröte anbrach. Und als er sah, dass er ihn nicht übermochte, schlug er ihn auf das Gelenk seiner Hüfte, und das Gelenk der Hüfte Jakobs wurde über dem Ringen mit ihm verrenkt. Und er sprach: Lass mich gehen, denn die Morgenröte bricht an. Aber Jakob antwortete: Ich lasse dich nicht, du segnest mich denn.

Er sprach: Wie heißest du? Er antwortete: Jakob. Er sprach: Du sollst nicht mehr Jakob heißen, sondern Israel, denn du hast mit Gott und den Menschen gekämpft und hast gewonnen. Und Jakob fragte ihn und sprach: Warum fragst du, wie ich heiße? Und er segnete ihn daselbst.

Und Jakob nannte die Stätte Pnuël, denn, sprach er, ich habe Gott von Angesicht gesehen, und doch wurde mein Leben gerettet. Und als er an Pnuël vorüberkam, ging ihm die Sonne auf; und er hinkte an seiner Hüfte.

Joh 3,1–21: *Das Nachtgespräch mit Nikodemus*
(Übersetzung: Emil Bock)

Nun gab es einen Menschen, der dem Orden der Pharisäer angehörte; sein Name war Nikodemus; er bekleidete unter den Juden einen hohen Rang.

Er kam zu ihm im Nachtbereich und sprach zu ihm: Meister, wir wissen, dass du als ein hoher Lehrer aus den göttlichen Welten herniedergestiegen bist; denn kein Mensch kann solche Geistestaten tun wie du, wenn nicht die göttliche Welt selbst in seinen Taten wirksam ist. Jesus antwortete: Ja, ich sage dir: Wer nicht aus Weltenhöhen neu geboren wird, kann nicht das Reich Gottes schauen.

Da sprach Nikodemus: Wie kann ein Mensch geboren werden, wenn er schon alt ist? Kann er noch einmal zurückkehren in den mütterlichen Schoß, um neu geboren zu werden? Jesus antwortete: Ja, ich sage es dir: Wer nicht die Neugeburt erfährt aus des Wassers Bildekraft und aus dem wehenden Hauch des Geistes, kann keinen Zugang finden zum Reiche Gottes. Was aus dem Erdenelement geboren wird, ist selbst nur irdischer Natur; was aber aus dem Atem des Geistes geboren wird, ist selber wehender Geist. Wundere dich darüber nicht, dass ich zu dir sprach: Ihr müsst aus den Höhen neu geboren werden. Der Wind weht, wohin er will. Du hörst zwar sein Rauschen, aber du weißt nicht, woher er kommt und wohin er geht. So auch ist jeder, der aus dem Atem des Geistes geboren ist.

Da sprach Nikodemus: Wie kann man dahin gelangen? Und Jesus antwortete: Du bist ein Lehrer unter den Führern des Volkes und weißt das nicht? Ich sage dir, wahrlich: Wir sprechen aus, was wir wahrnehmen, und zu dem bekennen wir uns, was wir geschaut haben. Aber ihr nehmt unser Zeugnis nicht an. Wenn ich zu euch über irdische Dinge sprach, so schenktet ihr mir kein Vertrauen; wie wollt ihr mir vertrauen, wenn ich über himmlische Dinge zu euch spreche? Es ist noch keiner zu den Geisteswelten emporgestiegen, der nicht auch aus den Geisteswelten herabgestiegen ist; das ist der Sohn des Menschen, dessen Wesen der Welt des Geistes angehört.

Wie Moses in der Wüste die Schlange aufgerichtet hat, so muss der Sohn des Menschen aufgerichtet werden, damit jeder, der seine Kraft im Herzen fühlt, Anteil gewinnt an dem zeitlosen, höheren Leben.

Damit hat der väterliche Weltengrund den Menschen seine Liebe erwiesen, dass er ihnen den aus ihm allein geborenen Sohn hingab. Hinfort soll keiner mehr zugrunde gehen, der sich mit seiner Kraft erfüllt; er soll vielmehr Anteil gewinnen an dem zeitlosen höheren Leben. Nicht um die Menschen zu richten, hat der Vater den Sohn in die Welt gesandt, sondern um sie zu retten und zu heilen. Wer sich mit seiner Kraft erfüllt, wird vor keinen Richter gestellt. Wer sich aber seiner Kraft verschließt, ist schon gerichtet, weil er keinen Anteil erlangt am Wesen und an der Kraft des aus der Einheit geborenen göttlichen Sohnes. Das ist bereits das Weltgericht, dass das Licht in die Welt gekommen ist und dass die Menschen die Finsternis mehr lieben als das Licht und mit ihren Taten dem Bösen dienen. Jeder, der mit seinen Taten dem Vergänglichen hingegeben ist, wird zum Gegner des Lichtes. Er wendet sich dem Licht nicht zu, damit sich das wahre Wesen seines Handelns nicht enthüllt. Wer aber mit seinen Taten dem wahren Wesen dient, der strebt zum Lichte hin. An seinen Taten wird leuchtend offenbar, dass sie im Geistgebiete volle Wirklichkeit besitzen.

Joh 10,40–11,44: *Die Auferweckung des Lazarus*
(Übersetzung: Emil Bock)

Und er begab sich wieder in die Gegend am unteren Jordan, an die Stelle, wo Johannes am Anfang getauft hatte. Dort blieb er. Und viele kamen zu ihm und sprachen: Johannes hat keine Zeichen getan, aber alles, was Johannes über diesen gesagt hat, das ist wahr. Viele waren es, die dort Vertrauen zu ihm fassten.

Es ward einer krank: Lazarus aus Bethanien, dem Wohnort der Maria und ihrer Schwester Martha. Das war die Maria, die den Herrn mit kostbarer Salbe gesalbt und seine Füße mit ihren Haaren getrocknet hatte. Ihr Bruder Lazarus wurde krank. Da schickten die Schwestern zu ihm und ließen ihm sagen; Herr, sieh, der, den du lieb hast, ist krank. Als Jesus das hörte, sprach er: Diese Krankheit führt nicht zum Tode; durch sie soll der innerste Wesenskern offenbar werden; die Schöpfermacht des Sohnes soll sich offenbaren.

Jesus liebte Martha und ihre Schwester und Lazarus. Als er nun von seiner Krankheit vernahm, verharrte er zwei Tage an dem Orte, wo er war. Dann sprach er zu seinen Jüngern: Lasst uns wieder nach Judäa gehen. Die Jünger aber erwiderten: Meister, jetzt, da die Juden dir nachstellen, um dich zu steinigen, willst du dorthin zurückkehren? Jesus sprach: Hat nicht der Tag sein abgemessenes Maß von zwölf Stunden? Wer am Tage seinen Weg geht, strauchelt nicht, denn er sieht das Licht, das dieser Welt leuchtet. Wer aber in der Nacht seinen Weg geht, der strauchelt, weil ihm kein Licht leuchtet.

So sprach er zu ihnen. Dann fuhr er fort: Lazarus, unser Freund, schläft, aber ich gehe hin, um ihn aufzuwecken. Da sprachen die Jünger zu ihm: Herr, wenn er schläft, so wird er wieder gesund. Jesus aber hatte von seinem Tod gesprochen, und sie meinten, er spräche vom Schlafe. Darauf sprach Jesus in aller Offenheit zu ihnen: Lazarus ist gestorben. Und ich bin froh um euretwillen und wegen der reifenden Kraft eures Herzens, dass ich nicht dort war. Aber jetzt lasst uns zu ihm gehen.

Da sprach Thomas, den man den Zwilling nannte, zu den anderen Jüngern: Ja, lasst uns gehen, um mit ihm zu sterben.

Als Jesus ankam, fand er, dass er schon vier Tage im Grabe lag. Bethanien lag nahe bei Jerusalem, ungefähr fünfzehn Stadien entfernt. Viele Juden waren zu Martha und Maria gekommen, um ihnen wegen ihres Bruders Trost zuzusprechen.

Als Martha hörte, dass Jesus käme, ging sie ihm entgegen. Maria jedoch blieb in sich versunken zu Hause. Und Martha sprach zu Jesus: Herr, wärest du hier gewesen, so wäre mein Bruder nicht gestorben. Aber ich weiß, dass der göttliche Vater jede Bitte, die du an ihn richtest, erfüllt. Und Jesus antwortete: Dein Bruder wird auferstehen. Martha sprach: Ich weiß, dass er auferstehen wird bei der großen Auferstehung an der Zeiten Ende. Da sprach Jesus zu ihr:

Ich Bin die Auferstehung und das Leben. Wer sich mit meiner Kraft erfüllt, der lebt, auch wenn er stirbt; und wer mich als sein Leben in sich aufnimmt, ist von der Macht des Todes befreit für alle Zeitenkreise. Fühlest du die Wahrheit dieser Worte? Und sie sprach: Ja, Herr. Ich habe mit meinem Herzen erkannt, dass du der Christus bist, der Sohn Gottes, der in die Erdenwelt kommt.

Als sie das gesagt hatte, ging sie hin und rief ihre Schwester Maria und sprach insgeheim zu ihr: Der Meister ist da und lässt dich rufen. Als Maria das hörte, erhob sie sich sogleich und ging zu ihm. Jesus war noch nicht in den Ort hineingegangen. Er war an der Stelle geblieben, wo ihm Martha begegnet war.

Als die Juden, die bei ihr im Hause waren und ihr Trost zusprachen, sahen, dass Maria eilig aufstand und hinausging, folgten sie ihr. Sie glaubten, sie wolle an das Grab gehen, um dort zu klagen. Maria aber kam an die Stelle, wo Jesus war, und als sie ihn sah, fiel sie zu seinen Füßen nieder und sprach zu ihm: Herr, wärest du hier gewesen, so wäre mir der Bruder nicht gestorben.

Als Jesus sie und die mit ihr kommenden Juden weinen sah, bemächtigte sich seines Geistes eine große Erregung, und er sprach voll tiefer Erschütterung: Wohin habt ihr ihn gelegt? Sie antworteten: Komm, Herr, und sieh. Und Jesus weinte. Da sprachen die Juden: Siehe, wie er ihn geliebt hat. Einige von ihnen jedoch sprachen: Konnte er, der dem Blinden das Augenlicht gab, diesen nicht vor dem Tode bewahren? Von Neuem ging durch das Innere Jesu eine mächtige Bewegung, und er trat an das Grab.

Das Grab war in einer Felsenhöhle, und ein Stein lag darauf.

Und Jesus sprach: Hebet den Stein ab! Da sprach Martha, die Schwester des Vollendeten, zu ihm: Herr, er muss schon in Verwesung übergegangen sein, denn es ist bereits der vierte Tag. Aber Jesus sprach: Habe ich dir nicht gesagt: Hättest du den Glauben, du würdest das Offenbarwerden der geistigen Lichtgestalt schauen. Und sie hoben den Stein ab.

Da erhob Jesus seine Seele zur Geistesschau und sprach: Vater, ich danke dir, dass du mich erhört hast. Ich weiß, dass du mich jederzeit hörst. Aber wegen der Menschen, die hier stehen, spreche ich es aus, damit ihr Herz erkennt, dass du mich gesandt hast. Dann rief er mit lauter Stimme: Lazarus, komm heraus! Und der Tote kam heraus, an Füßen und Händen mit Bändern umbunden, das Antlitz mit einem Schweißtuch bedeckt. Und Jesus sprach: Löset die Bänder von ihm ab und lasst ihn gehen.

ZU KAPITEL 9

Fjodor Dostojewski, *Schuld und Sühne*; Teil IV, Kap. 4.[63]

Auf der Kommode lag ein Buch. Jedes Mal hatte er es beim Aufundabgehen bemerkt; jetzt nahm er es und sah es sich an. Es war das Neue Testament in russischer Übersetzung. Das Buch, in Leder gebunden, war alt und abgegriffen.

»Woher hast du das?«, rief er ihr die Frage durch das Zimmer zu. Sie stand immer noch auf derselben Stelle, drei Schritte vom Tisch entfernt.

»Man hat es mir gebracht«, antwortete sie gleichsam ungern und ohne ihn anzublicken.

»Wer hat es dir gebracht?«

»Lisaweta hat es gebracht, ich hatte sie darum gebeten.«

»Lisaweta! Wie sonderbar!«, dachte er.

Alles wurde für ihn bei Ssonja mit jeder Minute irgendwie sonderbarer und immer wunderbarer. Er holte das Buch zum Licht und begann darin zu blättern.

»Wo steht hier die Geschichte vom Lazarus?«, fragte er plötzlich.

Ssonja blickte hartnäckig zu Boden und antwortete nicht. Sie stand ein wenig abgewandt vom Tisch.

»Von der Auferstehung des Lazarus, wo steht das? Suche es mir auf, Ssonja.«

Sie sah ihn von der Seite an.

»Nicht dort … im vierten Evangelium steht es …«, flüsterte sie streng, ohne sich ihm zu nähern.

»Suche es, und lies es mir vor«, sagte er, setzte sich, stützte die Ellbogen auf den Tisch und den Kopf mit der Hand, blickte düster zur Seite und bereitete sich vor zuzuhören. […]

Ssonja trat unschlüssig an den Tisch, nachdem sie das sonderbare Verlangen Raskolnikoffs misstrauisch angehört hatte. Sie nahm das Buch.

»Haben Sie es denn nicht gelesen?«, fragte sie und blickte ihn unter der Stirn hervor über den Tisch hin an. Ihre Stimme wurde immer strenger und strenger.

»Vor langer Zeit … als ich noch zur Schule ging. Lies!«

»Und in der Kirche haben Sie es auch nicht gehört?«

»Ich bin nicht in die Kirche gegangen. Gehst du oft hin?«

»N-nein«, flüsterte Ssonja.

Raskolnikoff lächelte höhnisch.

»Ich verstehe … und auch zur Beerdigung des Vaters wirst du Morgen demnach nicht hingehen?«

»Doch. Ich war auch in der vorigen Woche in der Kirche …
habe eine Totenmesse halten lassen.«

»Für wen?«

»Für Lisaweta. Man hat sie mit einem Beil erschlagen.«

Seine Nerven wurden immer reizbarer. Der Kopf begann ihm
zu schwindeln.

»Warst du mit Lisaweta befreundet?«

»Ja … sie war gerecht … sie kam … manchmal … sie hatte
nur selten Zeit. Wir lasen zusammen und … sprachen darüber.
Sie wird Gott schauen.«

Eigentümlich klang für ihn diese Schriftsprache und wieder
erfuhr er eine Neuigkeit: Sie hatte mit Lisaweta geheimnisvolle
Zusammenkünfte gehabt, und beide waren – anscheinend Got-
tesnärrinnen. […]

»Lies!«, rief er plötzlich befehlend und gereizt.

Ssonja war noch immer unentschlossen. Ihr Herz klopfte. Sie
wagte irgendwie nicht recht, ihm vorzulesen. Er sah nahezu ge-
peinigt die »unglückliche Geisteskranke« an.

»Wozu brauchen Sie denn das? Sie glauben doch nicht daran«, flüsterte sie leise und mit stockendem Atem.

»Lies! Ich will es so!«, bestand er darauf. »Du hast doch auch
Lisaweta vorgelesen.«

Ssonja schlug das Buch auf und suchte die Stelle. Ihre Hände
zitterten, die Stimme versagte. Zweimal begann sie und konnte
über das erste Wort nicht hinwegkommen.

»*Es lag aber einer krank mit Namen Lazarus von Bethanien …*«,
brachte sie endlich mit Mühe hervor, aber bei dem letzten Wort
erzitterte plötzlich ihre Stimme und brach ab wie eine zu straff
gespannte Saite. Es verschlug ihr den Atem, und in der Brust
schnürte sich etwas zusammen. Raskolnikoff begriff zum Teil,
warum Ssonja sich nicht entschließen konnte, ihm vorzulesen,

und je mehr er es begriff, umso roher und gereizter bestand er darauf. Er verstand zu gut, wie schwer ihr es jetzt fiel, alles *Eigenste* preiszugeben und zu enthüllen. Er hatte begriffen, dass diese Gefühle tatsächlich ihr einziges und vielleicht seit langer Zeit gehegtes *Geheimnis* bildeten, vielleicht schon seit dem Beginn der Entwicklungsjahre noch in der Familie, neben dem unglücklichen Vater und der vor Kummer irre werdenden Stiefmutter, mitten unter den hungrigen Kindern, dem hässlichen Geschrei und den fortwährenden Vorwürfen. Aber gleichzeitig erkannte er jetzt, und zwar mit Sicherheit, dass sie, indem sie jetzt vorzulesen begann, trotz ihres Grams und ihrer schrecklichen Furcht vor irgendetwas, es doch gern, sehr gern tat, und zwar gerade vor *ihm*, damit er es höre, und unbedingt *jetzt* – mochte kommen, was da wolle! … Er las das in ihren Augen und erriet es aus ihrer verzückten Erregung … Sie überwand sich, überwand auch den Krampf im Halse, der ihr die Stimme am Anfang benommen hatte, und fuhr fort, aus dem elften Kapitel des Evangeliums St. Johannis vorzulesen. So kam sie bis zum 19. Vers:

»… *und viele Juden waren zu Martha und Maria gekommen, sie zu trösten über ihren Bruder. Als Martha nun hörte, dass Jesus kommt, geht sie ihm entgegen; Maria aber blieb daheim sitzen. Da sprach Martha zu Jesus: Herr, wärest du hier gewesen, mein Bruder wäre nicht gestorben; aber ich weiß auch noch, dass, was du bittest von Gott, das wird dir Gott geben …*«

Hier blieb sie wieder stecken, in schamhafter Vorahnung, dass ihre Stimme abermals zittern und versagen werde …

»… *Jesus spricht zu ihr: Dein Bruder soll auferstehen. Martha spricht zu ihm: Ich weiß wohl, dass er auferstehen wird in der Auferstehung am Jüngsten Tage. Jesus spricht zu ihr: Ich bin die Auferstehung und das Leben. Wer an mich glaubt, der wird leben, ob er gleich stürbe. Und wer da lebet und glaubet an mich, der wird nimmermehr sterben. Glaubst du das? Sie spricht zu ihm ...«* (und wie mit Schmerz atemholend, las Ssonja deutlich und voller Kraft, als lege sie selbst öffentlich ein Glaubensbekenntnis ab):

»Herr, ja, ich glaube, dass du bist Christus, der Sohn Gottes, der in die Welt gekommen ist.«

Sie hielt einen Moment inne, erhob schnell zu ihm die Augen, überwand sich aber rasch und las weiter. Raskolnikoff saß und hörte unbeweglich zu, ohne sich umzuwenden, die Ellbogen auf den Tisch gestützt und zur Seite blickend. Sie las bis zum 32. Vers:

» ... Als nun Maria kam, da Jesus war, und sah ihn, fiel sie zu seinen Füßen und sprach zu ihm: Herr, wärest du hier gewesen, mein Bruder wäre nicht gestorben. Als Jesus sie weinen sah und die Juden auch weinen, die mit ihr kamen, ergrimmte er im Geist und betrübte sich selbst. Und sprach: Wo habt ihr ihn hingelegt? Sie sprachen zu ihm: Herr, komm und siehe es. Und Jesus gingen die Augen über. Da sprachen die Juden: Siehe, wie hat er ihn so lieb gehabt! Etliche aber unter ihnen sprachen: Konnte, der dem Blinden die Augen aufgetan hat, nicht schaffen, dass auch dieser nicht stürbe? ...«

Raskolnikoff wandte sich ihr zu und sah sie erregt vor Spannung an: Ja, es war so! Sie zitterte bereits am ganzen Körper in wahrem, wirklichem Fieber. Er hatte das erwartet. Sie näherte sich den Worten über das größte und unerhörte Wunder, und das Gefühl eines großen Triumphes erfasste sie. Ihre Stimme wurde klingend wie Metall; Triumph und Freude klangen darin und stärkten sie. Die Zeilen verwischten sich, weil es vor ihren Augen dunkel wurde, aber sie kannte auswendig, was sie las. Bei dem letzten Vers: *»konnte, der dem Blinden die Augen aufgetan hat ...«* ließ sie die Stimme sinken und gab heiß und leidenschaftlich den Zweifel, den Vorwurf und Tadel der ungläubigen, blinden Juden wieder, die gleich darauf, im nächsten Augenblick, wie vom Donner getroffen, niederfallen, schluchzen und glauben werden ... »Auch er, *er*, der gleichfalls Verblendete und Ungläubige – wird es gleich hören, und auch er wird glauben, ja, ja, gleich, jetzt gleich«, durchzuckte es sie, und sie bebte in freudiger Erwartung.

»... *Jesus aber ergrimmte abermals in ihm selbst und kam zum Grabe. Es war aber eine Kluft und ein Stein darauf gelegt. Jesus sprach: Hebet den Stein ab. Spricht zu ihm Martha, die Schwester des Verstorbenen: Herr, er stinkt schon; denn er ist vier Tage gelegen ...*«

Sie betonte energisch das Wort »vier«.

»... *Jesus spricht zu ihr: Habe ich dir nicht gesagt, so du glauben würdest, du solltest die Herrlichkeit Gottes sehen? Da hoben sie den Stein ab, da der Verstorbene lag. Jesus aber hob seine Augen empor und sprach: Vater, ich danke dir, dass du mich erhört hast; doch ich weiß, dass du mich allezeit erhörst; aber um des Volkes willen, das umhersteht, sage ich es, dass sie glauben, du habest mich gesandt. Da er das gesagt hatte, rief er mit lauter Stimme: Lazare, komm heraus! Und der Verstorbene kam heraus ...*« (laut und verzückt las sie es, zitternd und fröstelnd, als sähe sie es mit eigenen Augen).

»... *gebunden mit Grabtüchern an Füßen und Händen und sein Angesicht verhüllt mit einem Schweißtuch. Jesus spricht zu ihnen: Löset ihn und lasst ihn gehen.*

Da begannen viele der Juden, die zu Maria gekommen waren und sahen, was Jesus tat, an ihn zu glauben ...«

Weiter las sie nicht und konnte sie auch nicht lesen, sie schloss das Buch und stand schnell auf vom Stuhl.

»Das ist alles über die Auferstehung des Lazarus«, flüsterte sie abgerissen und streng und blieb unbeweglich, zur Seite gekehrt stehen, ohne zu wagen, und als schäme sie sich, die Augen zu ihm zu erheben. Ihr fieberhaftes Frösteln dauerte noch an. Der

Lichtstumpf im schiefen Leuchter begann auszugehen und beleuchtete trübe in diesem armseligen Zimmer den Mörder und die Dirne, die sich über dem Lesen des Ewigen Buches so sonderbar zusammengefunden hatten.

Alexander Solschenizyn, *Der Archipel Gulag.*

TEXT 1
Sich von allem lossagen!

»… Wie also? Und was? Was kann dich standhalten lassen, der du Schmerzen empfindest und schwach bist und unvorbereitet und voll lebendiger Zuneigungen?«

»Was braucht einer, um stärker zu sein als der Verhörende mitsamt seiner ganzen Mausefalle?«

»Lass, wenn du über die Schwelle des Gefängnisses trittst, deine Angst um das vergangene warme Leben zurück. Sprich es dir selbst vor: Das Leben ist zu Ende, zu früh zwar, was soll's, da ist nichts zu machen. Die Freiheit sehe ich nicht wieder. Ich werde zugrunde gehen – jetzt oder etwas später, aber später wird's sogar schlimmer sein, also lieber jetzt. Ich besitze nichts mehr. Die Familie ist für mich gestorben – und ich für sie. Mein Körper ist mir von heut an eine überflüssige fremde Last. Einzig meinen Geist und mein Gewissen will ich bewahren.«

»Und sieh! Solch ein Häftling bringt die Untersuchung ins Wanken!

Nur der wird siegen, der sich von allem losgesagt hat!

Doch wie seinen Körper in einen Stein verwandeln?«

(S. 132)

TEXT 2
Erste Zelle – erste Liebe

»… die erste Zelle, in der du deinesgleichen getroffen hast, Menschen mit gleich hoffnungslosem Schicksal. So alt du auch werden magst, bei der Erinnerung an sie wird dich die gleiche Rührung überkommen, wie vielleicht nur noch bei der Erinnerung an deine erste Liebe. Und der Menschen, die mit dir den Boden und die Luft des steinernen Würfels teilten, damals, als du dein Leben ganz von vorn überdachtest, dieser Menschen wirst du dich auch später einmal als deiner nächsten Anverwandten erinnern.

Damals, da hattest du ja keine Familie außer ihnen.

In deinem ganzen Leben *vorher* und in deinem ganzen Leben *nachher* gibt es nichts, was dem in der ersten Zelle Erlebten gliche. Mögen die Gefängnisse Jahrtausende vor dir gestanden haben und noch eine Weile nach dir stehen bleiben (ich möchte hoffen, für eine kürzere Dauer), einzig und unwiederholbar bleibt jene Zelle, keine andere, in der du die Untersuchungshaft durchgemacht hast.

Doch schließlich hast du nicht den Boden, den dreckigen, nicht die düsteren Wände, nicht den Gestank der Latrine liebgewonnen, sondern diese da, mit denen gemeinsam du dich auf Kommando umgedreht hast; dieses Etwas, das zwischen euren Seelen pochte; ihre zuweilen erstaunlichen Worte; und die gerade dort in dir geborenen, so freien und schwebenden Gedanken, zu denen du dich vor Kurzem noch nicht aufgerafft, auch nicht zu ihnen dich emporgeschwungen hättest.«

»Allein bis zu dieser ersten Zelle dich durchzuschlagen, was hat dich das bereits gekostet! In einem Loch haben sie dich gehalten, oder in einer Box, oder im Keller. Keiner sprach zu dir ein menschliches Wort, keiner schenkte dir einen menschlichen Blick, sie fraßen dir bloß mit eisernem Schnabel das Hirn und das Herz ab, du schriest, du stöhntest – und sie lachten.«

»Tage, Wochen warst du mutterseelenallein unter Feinden und gabst schon Verstand und Leben verloren und hast dich bereits vom Heizkörper herunterfallen lassen, mit dem Kopf voran auf den eisernen Abflusskegel – und plötzlich lebst du und bist unter Freunden. Und der Verstand kehrt dir wieder.

Das ist die erste Zelle!

Du hast darauf gewartet, du hast sie herbeigesehnt, als wäre sie beinahe die Freiheit ...« (S. 177–179)

TEXT 3
Du bist auf der Welt nicht allein!

»Die Lüftungsklappe im Fenster ist immer zu, am Morgen nur wird sie für zehn Minuten aufgesperrt. Das Glas ist drahtbewehrt. Zum Spaziergang wird man nie geführt, zum Austreten nur um sechs Uhr früh, wenn noch keines Menschen Därmen danach zumute ist; am Abend nie. Auf jeden Block zu sieben Zellen kommen zwei Aufseher, deswegen blickt dich das Guckloch in einem fort an; braucht ja nicht lange, der Aufseher, um an zwei Türen vorbei zur dritten zu schreiten. Darin liegt die Absicht der lautlosen Suchanowka: dir keinen Schlaf zu lassen und keinen fürs Eigenleben gestohlenen Augenblick; dich stets im Auge zu behalten und stets im Griff.«

»Wenn du aber den Zweikampf mit dem Wahnsinn und alle Prüfungen der Einsamkeit durchgestanden und bestanden hast, dann hast du dir deine erste Zelle verdient! Und dein Geist wird sich aufrichten nun.«

»Auch, wenn du dich rasch ergeben hast, in allem dich gefügt und alle verraten hast, auch dann bist du für deine erste Zelle reif; obwohl es ja für dich selber besser wäre, diesen glücklichen Augenblick nicht zu erleben und als Sieger im Keller gestorben zu sein, ohne einen einzigen Satz unterschrieben zu haben.«

»Zum ersten Mal siehst du jetzt nicht Feinde. Zum ersten Mal siehst du jetzt *Artgenossen, Lebende*, die deinen Weg gehen, mit denen du dich verbinden kannst im freudigen Wort *wir*.«

»Ja, ein Wort dies, das du draußen vielleicht verachtet hast, als es diente, deine Persönlichkeit zu ersetzen (›Wir alle wie ein Mann! ... wir protestieren! ... wir verlangen! ... wir schwören! ...‹) – und wie wohltuend ist es dir jetzt: Du bist auf der Welt nicht allein! Es gibt noch vernunft- und geistbegabte Wesen – *Menschen*!« (S. 180 f.)

TEXT 4
Wie viel das ist: tagsüber bei Tageslicht zu leben!

»Eine Nacht ungestörten Schlafs überwog sämtliche Geschicke des Planeten!«

»Und ein weiteres Störendes, doch nicht gleich zu Erfassendes lag mit den ersten Sätzen meiner Erzählung im Raum; zu früh aber war es noch für mich, ihm einen Namen zu geben: Eine alles umfassende Umpolung war eingetreten (mit der Verhaftung eines jeden von uns), oder eine hundertachtziggradige Umkehrung aller Begriffe, und was ich mit einem solchen Feuereifer zu erzählen begann – war für *uns* vielleicht gar nicht zum Freuen.«

»Sie rollten sich zur Seite, bedeckten ihre Augen zum Schutze gegen die zweihundert Watt mit Taschentüchern, umwickelten den oberen Arm, der außerhalb der Decke zu frieren hatte, mit Handtüchern, schoben den anderen verstohlen darunter und schliefen ein.«

»Ich aber lag wach, randvoll erfüllt von diesem Fest: bei Menschen zu sein. Vor einer Stunde noch hatte ich nicht damit rechnen können, dass man mich mit jemandem zusammenlegen würde. Es hätte auch zu Ende gehen können mit mir (der Untersuchungsrichter versprach mir nicht einmal die Kugel ins Genick), ohne dass ich noch jemanden gesehen hätte. Noch immer hing die Untersuchung über mir, doch wie weit war sie zurückgetreten. Morgen werde ich erzählen (nicht über meinen *Fall* natürlich), morgen werden sie erzählen – wie interessant wird doch der morgige Tag, einer der besten im Leben! (Dieses Bewusstsein kam mir sehr früh und sehr klar: dass das Gefängnis für mich kein Abgrund ist, sondern die wichtigste Wende des Lebens.)«

»Jede Kleinigkeit in der Zelle macht mich neugierig, wo ist nur die Müdigkeit geblieben, und wenn das Guckloch nicht schaut, erforsche ich heimlich den Raum. Dort oben, an der Wand gegenüber, ist eine kleine Vertiefung, drei Ziegelsteine breit, mit einem blauen papierenem Rollvorhang davor. Die Antwort hatte ich noch bekommen: Das Fenster ist's, ja! Die Zelle hat ein Fenster! Der Vorhang ist die Verdunkelung. Morgen gibt es schwaches Tageslicht, und sie werden für einige Stunden um die Tagesmitte die schmerzende Lampe löschen. Wie viel das ist: tagsüber bei Tageslicht zu leben!« (S. 184)

TEXT 5

Das Hinaufschauen haben sie zu verbieten vergessen!

»Trotz des Maulkorbes haben wir an klaren Tagen Besuch: aus dem Brunnenschacht des Hofes, von irgendeinem Fenster des fünften oder sechsten Stockwerks reflektiert, dringt nun ein sekundärer blasser kleiner Sonnenfleck zu uns herein. Für uns ist es echte Freude – ein liebes lebendiges Wesen, der Fleck! Zärtlich verfolgen wir seine Wanderung über die Wand, jeder seiner Schritte hat einen Sinn, er verkündet den nahenden Spaziergang, zählt die Stunden bis Mittag ab und ist kurz vor Essensausgabe verschwunden.«

»Unsere Aussichten also: spazieren gehen! Bücher lesen! einander von Vergangenem erzählen! zuhören und lernen! streiten und sich schulen! Und als Lohn dafür winkt noch die Mahlzeit aus zwei Gängen! Nicht zu glauben!«

»Pech mit dem Spaziergang haben die ersten drei Geschosse: Sie müssen in den unteren, feuchten Hof, der den Boden des schmalen Schachts zwischen den Bauklötzen der Lubjanka bildet. Dafür dürfen die Arrestanten des dritten und vierten in Adlershöhen promenieren: auf dem Dach des vierten Stocks. Aus Beton sind der Boden, die dreimannshohen Mauern; ein Aufseher ohne Waffen bleibt an unserer Seite, ein Soldat mit einem Maschinengewehr steht auf dem Wachtturm – aber die Luft ist

echt und der Himmel auch! ›Hände auf den Rücken! In Zweierreihen aufgestellt! Sprechen verboten! Stehenbleiben verboten!‹
Bloß das Hinaufschauen haben sie zu verbieten vergessen! Und
du wirfst natürlich den Kopf hoch und schaust. Hier stehst du,
nicht reflektiert, nicht sekundär – die Sonne! die Sonne selbst,
die ewige und lebendige! oder ihr goldengesiebtes Sprühen
durch die Frühlingswolken hindurch.«

»Jeder Mensch hofft im Frühling auf Glück, und jeder Häftling
erhofft es sich zehnmal so stark! Du, Aprilhimmel! Das macht
nichts, dass ich im Gefängnis stecke. Erschießen werden sie
mich wohl nicht. Dafür werde ich klüger werden da drinnen.
Werde vieles verstehen lernen, Himmel! Werde meine Fehler
gutmachen können – nicht vor *ihnen* – vor dir, Himmel! Ich
habe hier begriffen, was ich falsch getan – und werde es noch
geradebiegen, später.« (S. 205 f.)

TEXT 6
Der Schlaf ist das beste Mittel gegen Hunger und Kummer

»Endlich kam auch die Mittagszeit. Von weither hörten wir das
fröhliche Klirren, dann brachten sie, vornehm serviert, jedem
zwei Aluminiumteller herein (nicht Blechnäpfe, und auf einem
Tablett): einen Schlag Suppe und einen Schlag dünnen fettlosen
Brei.«

»In der ersten Aufregung bringt der Untersuchungshäftling
nichts runter, manche rühren tagelang das Brot nicht an und
wissen nicht, wohin damit. Allmählich kehrt der Appetit wieder,
ein ewiges Hungrigsein, das sich bis zur Gier steigert. Wem es ge-

145

lingt, sich zu bezähmen, dem schrumpft jedoch bald der Magen, er gewöhnt sich an die Kargheit und hat am hiesigen kümmerlichen Essen sogar gerade genug. Da braucht es Selbsterziehung: sich das Schielen nach fremden Bissen abgewöhnen, die magenfeindlichen Schwelgereien in Speisebeschreibungen sich und anderen untersagen und so oft wie möglich in höhere Sphären entfliehen. Auf der Lubjanka wird solches durch zwei Stunden erlaubten nachmittäglichen Liegens erleichtert – auch dies ein Wunder, sanatoriumsgleich. Wir legen uns mit dem Rücken zum Guckloch, setzen uns zur Tarnung ein Buch vor die Augen und dösen. Zu schlafen ist eigentlich verboten, und die Aufseher erspähen ein lange nicht umgeblättertes Buch, trotzdem geben sie in diesen Stunden für gewöhnlich Ruhe (Die Menschenfreundlichkeit lässt sich dadurch erklären, dass sowieso beim Tagesverhör ist, wem das Schlafen nicht zusteht. Für einen Querkopf, der das Protokoll nicht unterschreibt, schafft es sogar einen scharfen Kontrast: Wenn er zurückkommt, ist die Siesta gerade zu Ende.)«

»Der Schlaf aber ist das beste Mittel gegen Hunger und Kummer: Der Organismus ist auf Sparflamme geschaltet, und das Gehirn muss sich nicht wieder wegen der begangenen Fehler zermartern.«

»Da kommt auch schon das Abendessen – noch ein Schlag Brei. Das Leben beeilt sich, alle Gaben vor dir auszubreiten. Von jetzt an gerät dir in den fünf-sechs Stunden bis zum Zapfenstreich kein Krümelchen in den Mund, doch nun braucht dir auch nicht mehr Bange zu sein; zur Abendzeit fällt es einem leicht, nicht mehr essen zu wollen, dies eine längst gewonnene Erkenntnis der Militärmedizin: In den Reservekompanien gibt's am Abend auch kein Futtern mehr.«

»Es naht die Zeit des abendlichen Austretens, von dir, so gut wie sicher, den ganzen Tag mit Seelenqual erwartet. Wie leicht wird es dir sofort in dieser Welt! Wie einfach sind plötzlich alle großen Fragen – fühlst du es nicht?«

»Ja, die schwerelosen Abende auf der Lubjanka! (Nur dann übrigens schwerelos, wenn du nicht aufs nächtliche Verhör zu warten hast.) Schwerelos dein Leib, vom wässrigen Brei genau in dem Maße befriedigt, dass deine Seele seine Bürde nicht spürt. Leichte und freie Gedanken! Wir sind wie auf den Sinai emporgehoben, und aus den Flammen erscheint uns die Wahrheit. Hat sich nicht solches auch Puschkin erträumt:

Leben will ich, um zu denken und zu leiden!

So leiden wir denn und denken und haben in unserem Leben sonst nichts. Und wie leicht erwies es sich, dieses Ideal zu erreichen ...« (S. 217 f.)

TEXT 7
Ich ging vorbei, als ob ich nicht gehört hätte

»Es war nicht der Punische, nicht der Griechisch-Persische Krieg! Jeder machtbefugte Offizier einer jeden beliebigen Armee hätte der mutwilligen Misshandlung Einhalt gebieten müssen. Einer jeden beliebigen – ja, bloß auch der unseren? ... Bei der Erbarmungslosigkeit und Absolutheit unseres zweipoligen Klassifizierungssystems? (Wer nicht mit uns ist, folglich *gegen uns*, der falle der Verachtung und Vernichtung anheim.) Kurz gesagt: Ich war zu *feige*, den Wlassow-Mann vor dem Sonderdienstler in Schutz zu nehmen, *ich habe nichts gesagt und nichts getan, ich ging vorbei, als ob ich nicht gehört hätte* – damit die allseits geduldete Pest nur ja nicht auf mich übergreife (was, wenn der Wlassow-Mann ein Superbösewicht ist? Was, wenn der Sergeant glaubt, ich sei …? was wenn?). Ja, einfacher noch: Wer die damalige Atmosphäre in unserer Armee kennt – ob sich der Sonderdienstler von einem simplen Hauptmann auch etwas hätte befehlen lassen?«

»Und so wurde ein wehrloser Mensch wie ein Stück Vieh weitergetrieben, und der Mann vom Sonderdienst hörte nicht auf, mit wutverzerrtem Gesicht auf ihn einzupeitschen.« (S. 248)

TEXT 8
Die Niederlagen sind gesegnet

»Eine einfache Wahrheit ist's, doch auch sie nur durch Leid zu erfassen: Nicht die Siege in den Kriegen sind gesegnet, sondern die Niederlagen darin! Die Siege sind den Regierungen zunutze, die Niederlagen – dem Volk. Ein Sieg weckt den Wunsch nach weiteren Siegen, eine Niederlage den Wunsch nach der Freiheit, die meist auch errungen wird. Die Völker brauchen die Niederlagen, so wie der einzelne Mensch des Leids und der Not bedarf, um zur Entfaltung seines Ich, zu geistigen Höhen zu gelangen.« (S. 263)

TEXT 9
Eine kleine Kerbe im Herzen

»So viele sind also erschossen – zuerst Tausende, dann Hunderttausende. Wir dividieren, multiplizieren, bedauern, verfluchen.
Und doch sind es Zahlen. Sie frappieren, erschüttern, werden
später vergessen. Aber wenn irgendwann einmal die Angehörigen der Erschossenen alle Fotografien ihrer Hingerichteten in
einem Verlag zusammentrügen und der Verlag ein Fotoalbum
daraus machte, mehrere Bände davon – dann könnten wir, Seite
für Seite umblätternd, aus jedem letzten Blick in die verblichenen Augen sehr vieles für das uns verbliebene Leben gewinnen.
Diese Lektüre, fast ohne Buchstaben, würde ewige Spuren in
unsere Herzen graben.«

»In einer befreundeten Familie, in der es ehemalige Häftlinge
gibt, pflegt man diesen Brauch: Am 5. März, dem Todestag des
Obermörders, werden auf den Tischen die Bilder von Erschossenen und im Lager Zugrundgegangenen aufgestellt – einige
Dutzend, soviel sich beschaffen ließ. Und den ganzen Tag ist es
feierlich in der Wohnung, wie in einer Kirche, wie im Muse-
um. Trauermusik wird gespielt, Freunde kommen, betrachten
die Fotografien, schweigen, lauschen, sprechen leise zueinander;
gehen ohne Abschied fort.«

»Wenn's überall so wäre … Eine kleine Kerbe, eine winzige wenigstens, bliebe uns dann von all diesen Toten im Herzen.«

»Damit es nicht *umsonst* war!« (S. 419)

TEXT 10
Die unvernünftigen Anverwandten

»Die unvernünftigen Anverwandten! Sie reißen sich draußen
die Beine aus, sie stürzen sich in Schulden (denn so viel Geld hat
niemand im Haus) und schicken dir was zum Anziehn, schicken
dir was zum Essen – eine letzte Gabe der Witwe, eine vergiftete
Gabe, denn aus einem hungernden, dafür aber freien Sträfling
macht sie dich zum rastlosen und feigen Zitterling und beraubt
dich jener beginnenden Klärung, jener sich härtenden Festig-
keit, die allein dir zunutze sein kann vor dem Abstieg in den
Abgrund. Oh, wie weise ist das Gleichnis vom Kamel und dem
Nadelöhr! Ins himmlische Reich des befreiten Geistes kommst
du mit diesen Sachen nicht hinein.« (S. 513)

TEXT 11
Sich zu neuen Erkenntnissen durchtasten

»Bin ich ein Feigling? Früher glaubte ich, nein. Ein Bombenan-
griff in der offenen Steppe konnte mir nichts anhaben. Vor einer
mit Panzerminen todsicher verminten Straße machte ich nicht
halt. Blieb kaltblütig, als es galt, die Batterie aus der Einkesse-
lung herauszuführen und nochmals zurückzukehren, um den
beschädigten Wagen zu holen. Warum packte ich dann nicht
eine von diesen Menschenratten: ihm mit der rosigen Schnau-
ze mal über den schwarzen Asphalt fahren! Weil er klein ist?
– Schön, nimm dir halt die Älteren vor. Nein ... An der Front
schöpfen wir die Kraft aus irgendeinem zusätzlichen Bewusstsein (mag sein, aus einem völlig falschen): Ist's das Nebenmann-
gefühl? die Gewissheit, am rechten Platz zu stehn? seine Pflicht

150

zu erfüllen? Hier aber hast du keinen Auftrag, kein Reglement und musst dich zu neuen Erkenntnissen durchtasten.« (S. 514)

TEXT 12
Schwer, hinter der Macht zurückzubleiben

»Aus den dumpfstickigen Zellen der Krasnaja Bresnja im Sommer 1945 meldeten wir uns freiwillig zur Arbeit: um einen ganzen Tag lang frische Luft atmen zu können; um ungestört und ungehetzt im stillen Lattenhäuschen des Aborts sitzen zu dürfen (ein oft missachtetes Mittel des Ansporns ist dies!), wohlig angewärmt von der Augustsonne (es waren die Tage von Potsdam und Hiroshima), friedlich umsummt von einer einsamen Biene; schließlich – um am Abend hundert Gramm Brot dazugeschlagen zu bekommen. Dies alles war uns die Arbeit entschieden wert. Unser Arbeitsplatz war ein Ladekai am Moskwa-Fluss, wo Holz gelöscht wurde. Wir mussten die Holzstämme von einem Stapel herunterrollen, zu anderen Stapeln schleppen und wieder hinaufrollen. Der Kraftaufwand war um vieles größer als der erhaltene Lohn. Und doch gingen wir gern hin.«

»Oft geschieht es mir, dass ich bei einer Jugenderinnerung erröten muss (und wo war sie denn verbracht, meine Jugendzeit, wenn nicht dort). Doch wo uns was betrübt, setzt es uns auch den Kopf zurecht. Meine Offiziersachselklappen, so zeigte es sich nun, hatten sich bloß knappe zwei Jahre auf meinen Schultern zu rekeln und zu wiegen brauchen – und schon war eine gute Prise goldenen Giftstaubs im Hohlraum zwischen den Rippen aufgeschüttet. Auf jenem Ladeplatz, einem Auch-Lager, einer Auch-Zone mit Wachtürmen rundherum, waren wir zu-

gelaufene, zeitweilige Arbeitsleute, da gab's keinen Schimmer
von Hoffnung, dass sie uns dort lassen würden für die ganze
Frist. Doch als sie uns zum ersten Mal aufmarschieren ließen,
als der Parteiführer die Reihe entlangging, mit den Augen nach
provisorischen Brigadeführern suchend, da wollte mein nich-
tiges Herz aus der Uniformbluse ihm schier entgegenhüpfen:
mich? mich! nimm mich!«

»Ich wurde nicht genommen. Wozu wünschte ich es mir auch?
Ich hätte nur weitere schändliche Fehler begangen.«

»Oh, wie schwer es doch ist, hinter der Macht zurückzubleiben!
… Das will verstanden sein.« (S. 523 f.)

TEXT 13
Reibt euch die Augen wach, wascht euch die Herzen rein!

»In Orotukan schmilzt die Erde nur im Sommer auf einen Meter Tiefe – und erst dann können die Knochen der im Winter
Verstorbenen darin begraben werden. Ihr aber habt den blauen
Himmel über euch und habt unter der heißen Sonne das Recht,
über euer Schicksal zu entscheiden, hinzugehen, um Wasser zu
trinken, euch hinzusetzen, um die Beine zu strecken, und ohne
Bewachung hinzufahren, wohin immer ihr wollt. Was soll'n die
nicht abgestreiften Schuh? Und die Schwiegermutter, was tut sie
zur Sache? Das Wichtigste im Leben, alle seine Rätsel: Soll ich
sie vor euch ausbreiten, hier sogleich? Bemüht euch nicht um
das Trügerische, nicht um Besitz, nicht um Titel: Das wird mit
den Nerven bezahlt, in Jahrzehnten erworben, und in einer einzigen Nacht konfisziert. Lebt in ruhiger Überlegenheit gegen-

über dem Leben – fürchtet nicht das Unglück und sehnt euch nicht nach Glück, 's ist ja einerlei. Das Bittere währt nicht ewig, und an Süßem wird das Maß nicht voll. Seid zufrieden, wenn ihr nicht friert, wenn Hunger und Durst euch nicht die Innereien zerreißen. Wenn euch das Rückgrat nicht gebrochen ist, wenn ihr auf beiden Beinen gehn, mit beiden Händen zugreifen, mit beiden Augen sehn und mit beiden Ohren hören könnt – wen braucht ihr dann noch zu beneiden? Wozu? Der Neid zehrt uns selbst am allermeisten auf. Reibt euch die Augen wach, wascht euch die Herzen rein – dann werdet ihr jene am höchsten schätzen, die euch lieben, die euch zugetan. Tut ihnen nichts zuleide, sagt kein böses Wort über sie, lasst keinen im Streit von euch scheiden: Wie solltet ihr wissen, ob es nicht euer letztes Tun vor der Verhaftung ist – wollt ihr so in ihrer Erinnerung bleiben?« (S. 554 f.)

TEXT 14
Ich bin der Sternenwanderer

»… und es stört mich nicht im Geringsten, dass sie mich bald schon mit dem Gesicht zur Wand stellen und ihre Fragen leiern: ›Sie heißen? Vor- und Vatersname? Geburtsjahr? …‹ – ›Mein Name? … Ich bin der Sternenwanderer! Mein Leib ist gefesselt, aber über meine Seele haben sie keine Gewalt!‹« (S. 558)

ANMERKUNGEN

1 Zeugnisspruch für einen 14-Jährigen

2 Dag Hammarskjöld, *Zeichen am Weg*. Stuttgart ²2012.

3 Eine grundlegende Menschenkunde dieses Alters findet sich bei Hans Müller-Wiedemann, *Mitte der Kindheit*, Stuttgart ⁵1999. Vgl. auch: Peter Selg, *Ich bin anders als du. Vom Selbst- und Welterleben des Kindes in der Mitte der Kindheit*. Arlesheim 2012.

4 Zit. nach Michaela Glöckler, Rolf Heine (Hrsg.): *Handeln im Umfeld des Todes*. Persephone Kongressband IV. Dornach 2002.

5 Jacques Lusseyran, *Das wiedergefundene Licht*. Hamburg 1963, S. 8.

6 Zit. nach: Karl König, *Die ersten drei Jahre des Kindes*. Stuttgart 2003.

7 Zit. nach: Rudolf Steiner, »Jean Paul«, in: *Biografien und biografische Skizzen 1894–1905*. Dornach 1992, GA 33.

8 Karl Jaspers, *Schicksal und Wille*. München 1967.

9 Ernst Bloch, *Spuren*. Werkausgabe Bd. 1. Frankfurt 2000.

10 Bruno Walter, *Thema und Variationen*. Frankfurt 1960.

11 Hans Müller-Wiedemann, s. Anm. 3.

12 Natascha Kampusch, *3096 Tage*. Berlin 2013.

13 Die Seitenangaben der nachfolgenden Zitate beziehen sich auf diese Ausgabe.

14 Michel del Castillo, *Elegie der Nacht*. Hamburg 1958.

15 *Anweisungen für eine esoterische Schulung*. Dornach 1976, GA 42/245, S. 85.

16 Gekürzte und überarbeitete Nachschrift eines am 11. Oktober 1998 in Stuttgart gehaltenen Vortrags des Verfassers.

17 Vgl. dazu: Günther Dellbrügger, *Das Erkennen schlägt die Wunde – und heilt sie*. Stuttgart 2000.

18 George G. Ritchie, *Rückkehr von morgen*. Marburg, o. J., S. 91f.

19 Viktor E. Frankl, ... *trotzdem Ja zum Leben sagen*. München 1982. (Erstveröffentlichung 1946)

20 Ernst Toller, *Eine Jugend in Deutschland*. Reinbek 2006.

21 Ebenda, S. 153.

22 Übertragung von Hans Leopold Davi, in: Juan Ramón Jiménez: *Herz, Stirb oder singe*. Zürich 1977.

23 Zahlreiche Autoren fiktionaler wie nichtfiktionaler Texte widmen sich diesen Themen, etwa Jonathan Franzen, *Freiheit* (2011); Joachim Gauck, *Freiheit – Ein Plädoyer* (2012); Gerald Hüther, *Die Freiheit ist ein Kind der Liebe* (2012); Jorge Bucay, *Wie der Elefant die Freiheit fand* (2010); ders., *Drei Fragen: Wer bin ich? Wohin gehe ich? Und mit wem?* (2013); R. D. Precht, *Wer bin ich – und wenn ja, wie viele?* (2007); Liz Bijnsdorp, *Die 147 Personen, die ich bin* (2006), um nur einige Beispiele zu nennen.

24 J. G. Fichte, »Glockenklänge I«, in: Sämtliche Werke, Berlin 1845/6, Bd. VIII, S. 461.

25 J. G. Fichte, »Grundlage der gesamten Wissenschaftslehre«, in: Sämtliche Werke, Bd. I, S. 175.

26 *Johann Gottlieb Fichte im Gespräch*. Stuttgart 1978, Band 1, S. 55.

27 I. H. Fichte, *Fichtes Leben und literarischer Briefwechsel*. Leipzig 1862, Bd. 1, S. 320.

28 Henrich Steffens, *Was ich erlebte*. Autobiografie in 10 Bänden. Breslau 1840–44, Bd. 6.

29 Dieses und das folgende Zitat, siehe: »Brief an seine Frau vom 5.11.1799«, in: *Fichtes Leben und literarischer Briefwechsel*, a. a. O., S. 330f.

30 J. G. Fichte, *Die Anweisung zum seligen Leben*. 1806, 2. Vorlesung.

31 *Die Bestimmung des Menschen*. Zuerst veröffentlicht: 1800, 3. Buch.

32 J. G. Fichte, *Vermischte Schriften aus dem Nachlass*. Sämtliche Werke, Bd. XI. Berlin 1971.

33 Zit. nach: Wilhelm Weischedel, *Der Zwiespalt im Denken Fichtes*. Berlin 1972, S. 27.

34 Johann Gottlieb Fichte, »Glockenklänge I«, a. a. O., S. 462.

35 Hans Carossa, Sämtliche Werke, Bd. 1. Frankfurt 1962, S. 61 f.

36 Heidemarie Schwermer, *Das Sterntaler-Experiment*. München 2001.

37 Vgl. hierzu: Andreas Neider, *Aufmerksamkeitsdefizite*. Stuttgart 2013. Der Autor nennt zahlreiche Beispiele und zeigt konkrete Wege zur Ausbildung und Steigerung der Aufmerksamkeit.

38 Bronnie Ware, *5 Dinge, die Sterbende am meisten bereuen*. München 2013.

39 Dag Hammarskjöld, *Zeichen am Weg*. Stuttgart ²2012, S. 97.

40 Vgl. den Text Gen 28 im Anhang S. 126.

41 Vgl. den Text Gen 32 im Anhang, S. 127.

42 Vgl. den Text Joh 3,1–21 im Anhang, S. 128.

43 Erich Fromm hat diese Frage in den Mittelpunkt seines noch heute wegweisenden Buches gestellt: *Haben oder Sein*. München 2005.

44 Vgl. den Text Joh 10,40–11,44 im Anhang, S. 130 f.

45 Dostojewski, *Briefe in 2 Bänden*. München 1966.

46 Vgl. den Text aus *Schuld und Sühne* im Anhang, S. 133 ff.

47 Dieses und das folgende Zitat, siehe: Jean Cayrol, *Lazarus unter uns*. Stuttgart 1959, S. 10.

48 Vgl. dazu: Jean Amery/Ernst Fraenkel, *Hitler als Vorläufer*. Frankfurt 1984.

49 Weitere herausragende Vertreter sind Imre Kertèsz, Primo Levi, Jorge Semprun u. a.

50 Alexander Solschenizyn, *Der Archipel Gulag*, Bern 1974. Daraus auch, wenn nicht anders vermerkt, alle weiteren Zitate; ausführliche Passagen im Anhang, S. 139 ff.

51 Zit. nach Mihajlo Mihajlow: »Die mystische Erfahrung der Unfreiheit«, in: *Dogmendämmerung*, Ostfildern 1994, S. 104.

52 Im Folgenden werden ausführlichere Passagen aus dem *Archipel Gulag* zitiert, um ein annäherndes Miterleben und Mitempfinden der Lagerbiografien zu ermöglichen.

53 Ähnliche Äußerungen finden sich auch bei Rosa Luxemburg, *Briefe aus dem Gefängnis*. Berlin 1961.

54 Dimitrij Michailowitsch Panin (1911–1987) begegnete Solschenizyn im Jahr 1947.

55 *Der Archipel Gulag*, Schlussband. Reinbek 2003, S. 118.
56 Eph 6,10–18. Übersetzung: G. Dellbrügger.
57 C. F. v. Weizsäcker, *Der bedrohte Friede. Politische Aufsätze 1945–1981*. München 1983.
58 Stéphane Hessel, *Empört euch!* Berlin 2011; ders., *Engagiert euch!* Berlin 2011.
59 Vgl. hierzu: Hans-Werner Schroeder, *Der Mensch und das Böse. Ursprung, Wesen und Sinn der Widersachermächte*. Stuttgart ³2001.
60 Goethe, *Faust I*, Vers 2181f.
61 Dies habe ich in meinem Buch *Die geistige Waffenrüstung* (Stuttgart 2009) ausführlich dargestellt.
62 Rudy Vandercruysse entwickelt 12 Übungen zur Selbstführung, die das hier Ausgeführte weiter ergänzen: *Ich und mehr als ich*. Heidelberg 2011.
63 Aus: *Dostojewski für alle*. Herausgegeben und übersetzt von Horst Bienek, München 1981.

BILDNACHWEIS

S. 37: © akg-images
S. 75: © akg-images
S. 89: © akg-images
S. 106: © akg-images/RIA Nowosti

DANK

Maren Glockmann danke ich für konstruktive Hilfen und wertvolle Anregungen; Pamela Ruschi für die geduldige Erfassung des Textes.